Desaparición Forzada:
Contraste entre el Derecho Colombiano y el
Derecho Internacional de los Derechos Humanos

Desaparición Forzada: Contraste entre el Derecho Colombiano y el Derecho Internacional de los Derechos Humanos

Arcenio Velandia Sánchez
Álvaro Yohanny Gutiérrez Martínez

Aviso legal: Se prohíbe la reproducción total o parcial de la presente obra, restringiendo además, cualquier compendio, mutilación o transformación de la misma por cualquier medio o procedimiento. Los comentarios descritos en la presente obra, realizados a título personal, no corresponde a pensamientos de la compañía, sino a aseveraciones particulares de la autora. Se permite la reproducción parcial, con el debido crédito al autor y a la Editorial.

Título: Desaparición Forzada
Subtítulo: Contraste entre el Derecho Colombiano y el Derecho Internacional de los Derechos Humanos.

Editorial ITA S.A.S. / Editorial Derecho y Justicia S.A.S.
Publicado en el año: 2019.
Número de páginas: 96
Autores: © Arcenio Velandia Sánchez © Álvaro Yohanny Gutiérrez Martínez.

Impreso en: Bogotá D.C.
Página web: www.itabooks.com

ISBN: 9781704926131

Sello: Independently published

Diseño de portada: © Editorial ITA S.A.S.
Edición: © Editorial ITA S.A.S. / Editorial Derecho y Justicia S.A.S.

Resumen

La desaparición forzada se configura como uno de los delitos más atroces que se pueden cometer contra un ser humano, ya que ello conlleva la violación de varios derechos humanos, para la víctima, como para los familiares y seres cercanos a ella. Dado los tratados internacionales sobre desaparición forzada ratificados por Colombia, y que han entrado en vigor, le es obligatorio al Estado colombiano aplicar los principios, valores, normas y otros que, en desarrollo del principio pacta sunt servanda, le permitan aplicar e interpretar armónicamente lo dispuesto en el derecho internacional sobre la conducta punible de la desaparición forzada, frente a lo determinado en el derecho doméstico colombiano sobre la misma. Entendiendo en todo caso, que los dos sistemas jurídicos forman un solo corpus iuris vía cláusula de interpretación conforme constitucional y remisión normativa legal.

Palabras claves: Desaparición Forzada; Derecho Penal Colombiano; Derechos Humanos; Tratados Internacionales; Principio de Complementariedad.

Abstract

Enforced disappearance is configured as one of the most heinous crimes that can be committed against a human being, since it entails the violation of several human rights, for the victim and for her family and close beings. Since international treaties on enforced disappearance ratified by Colombia, which have entered into force, it is mandatory that the Colombian State to apply the principles, values, norms and others, developing the principle pacta sunt servanda, allow him to apply and interpret harmoniously the provisions of international law on the criminal offense of enforced disappearance, determined face in the Colombian domestic law on it. Understanding in any case, the two legal systems make a single corpus juris via interpretation clause as constitutional and legal rules remission.

Key Words: Enforced Disappearances; Colombian Criminal Law; Human Rights; International Treaties; Complementarity Principle.

TABLA DE CONTENIDO

INTRODUCCIÓN 11

CAPÍTULO 1
LA DESAPARICIÓN FORZADA EN EL
DERECHO PENAL COLOMBIANO 27
    Caracterización de la Desaparición Forzada en el Derecho
    Penal Colombiano 32

CAPÍTULO 2
LA DESAPARICIÓN FORZADA EN EL
DERECHO INTERNACIONAL 43
    La Desaparición Forzada en el Sistema Universal de
    Protección de Derechos Humanos 46
    Pacto Internacional de Derechos Civiles y Políticos. 49
    Resolución 3450 de la Asamblea General de las
    Naciones Unidas, sobre personas desaparecidas en Chipre 49
    Resolución 33/173 de la Asamblea General
    de las Naciones Unidas, sobre personas desaparecidas. 50
    Declaración sobre la protección de todas
    las personas contra las desapariciones forzadas. 52
    Convención Internacional para la Protección
    de todas las Personas contra las Desapariciones Forzadas 53
    Comité contra la Desaparición Forzada. 56
    La Desaparición Forzada en el Sistema
    Interamericano de Protección de Derechos Humanos 58
    Convención Americana sobre Derechos Humanos. 61
    Convención Interamericana sobre Desaparición
    Forzada de Personas. 62

CAPÍTULO 3
OBLIGATORIEDAD DEL DERECHO
INTERNACIONAL DE LOS DERECHOS HUMANOS   **67**
    Derecho Internacional de los Tratados   68
    Derecho Internacional de la Costumbre   78
    Normas de Ius Cogens   79

CAPÍTULO 4
PRINCIPIO DE COMPLEMENTARIEDAD
DEL DERECHO INTERNACIONAL
DE LOS DERECHOS HUMANOS   **83**

CONCLUSIONES   **89**

REFERENCIAS   **93**

Introducción

A partir de una creciente preocupación por parte de la comunidad internacional de proteger los derechos humanos en diferentes escenarios, en vista de los graves vejámenes acaecidos desde los diferentes conflictos armados, especialmente los sucedidos en la segunda guerra mundial, se han desarrollado diferentes instrumentos de carácter internacional. En el plano del derecho internacional y más en el campo del Derecho Internacional de los Derechos Humanos, los tratados se constituyen como la fuente principal de las obligaciones de los Estados de velar por la protección de los derechos humanos, sin legar a desconocer otros instrumentos que no obligan jurídicamente más si moralmente, tal es el caso de las diferentes declaraciones internacionales: Declaración Universal de Derechos Humanos y Declaración Americana de los Derechos y Deberes del Hombre, ambos del año 1948.

La conducta de la desaparición forzada, se configura como uno de los hechos más atroces que se pueden cometer contra cualquier persona, no solo por la vulneración directa de los derechos de la víctima, sino que además, los familiares y seres cercanos a ella, se ven sometidos a un estado de perpetuo sufrimiento, en tanto no se sepa con claridad que sucedió. En reconocimiento de la conducta atroz de la desaparición forzada, Colombia ha ratificado diferentes tratados, unos generales sobre derechos humanos: Pacto Internacional de Derechos Civiles y Políticos y Convención Americana sobre Derechos Humanos; y otros específicos: Convención Internacional para la

La Desaparición Forzada en el Derecho Penal Colombiano

protección de todas las personas contra las desapariciones forzadas de las Naciones Unidas, y la Convención Interamericana sobre Desaparición Forzada de Personas del sistema de la OEA. Los anteriores instrumentos conforman un corpus iuris internacional que vía bloque de constitucionalidad, pasan a hacer parte del derecho interno colombiano, propendiendo por la protección de los derechos humanos, conformando una extensa normatividad que no pueden entenderse de manera separada o independiente, siendo deber del operador jurídico en el análisis que aquél realiza sobre la situación fáctica, aplicar tanto las directrices del orden interno, como las señaladas por los tratados internacionales.

Es de aclarar que la conducta punible de la desaparición forzada en Colombia, apareció formalmente hasta el año 2000, cuando la ley 589/00 adicionó al Decreto 100/80, el artículo 268-A, lo que en concordancia con el principio de tipicidad de la conducta en el derecho penal, en principio se debe entender que todas aquellas conductas cometidas con anterioridad a la aparición en la ley interna colombiana de la desaparición forzada, presentan elementos especiales que en tratándose de una adecuada subsunción de los hechos, sitúan al operador jurídico en una situación particular que sólo se dirime haciendo uso del derecho internacional.

De lo anterior, pese a que hoy por hoy parece tenerse claridad de cómo se debe resolver la situación jurídica y cuál derecho debe ser aplicable cuando al agente comisivo de la conducta punible incurra en una desaparición forzada, aún no es claro la aplicación del derecho internacional en tratándose de estas conductas, circunstancia que resulta dañina para el derecho colombiano, puesto que esencialmente tal conducta deviene de los tratados internacionales y no puede entenderse que es un derecho ajeno e inaplicable. Por demás, se debe señalar que los tratados internacionales al hacer parte del derecho interno colombiano, éste debe velar por la aplicación y protección de los diferentes tratados que proscriben la comisión de la conducta de la desaparición forzada, y que de no hacerlo, el Estado colombiano incurriría en un hecho ilícito internacional, lo que acarrea consecuencias jurídicas y políticas, todo esto en desarrollo del principio pacta sunt servanda del derecho de los tratados.

Ahora bien, en el marco normativo de la desaparición forzada en Colombia, se entiende el derecho internacional y el derecho interno, como un solo corpus iuris que deben ser aplicados armónicamente por parte del operador jurídico, siendo imperativo establecer con claridad la caracterización de la conducta punible de desaparición forzada en el derecho penal colombiano -ley 599 del año 2000-, y su representación en el derecho internacional de los derechos humanos, siempre desde la perspectiva del principio de complementariedad por el cual se rige este último.

Entonces, el operador jurídico encuentra una dicotomía jurídica cuando pretende aplicar lo preceptuado en el derecho interno con lo señalado por el derecho internacional, pero que desde el mismo artículo segundo de la ley 599 del 2000, sobre la "integración" de las "normas y postulados que sobre derechos humanos se encuentren consignados en la Constitución Política, en los tratados y convenios internacionales ratificados por Colombia" los cuales hacen "parte integral de este código" (Ibíd.), además de lo recogido por el bloque de constitucionalidad colombiano, éste, el operador jurídico, se ve obligado a integrar de manera armónica ambos sistemas jurídicos. Es por tal, que se hace necesario establecer las características de la conducta punible de la desaparición forzada en el derecho colombiano, ley 599 del 2000, revisando si aquellas cumplen con lo mandado por el derecho internacional de los derechos humanos, en aras de verificar el cumplimiento o no, de la posición de garante del Estado colombiano.

Frente a esto último, sobre la posición de garante del Estado colombiano en materia de tratados internacionales sobre derechos humanos, la jurisprudencia de la Corte IDH, ha preceptuado la importancia de su correcto desarrollo por las altas partes contratantes, ya que de no cumplirse a cabalidad, el Estado infractor debe responder ante la comunidad internacional, ya sea políticamente o mediante acciones jurídicas, en ambos casos, de graves implicaciones para el Estado y los derechos humanos.

Ahora bien, dentro de las conductas que más vulneran los derechos y libertades fundamentales, aparece la desaparición forzada, no solo por la comisión de la conducta en sí misma, por las graves implicaciones que acarrea para los derechos de las víctimas, directas e indirectas, sino que el proceso penal que aboca es de muy difícil desarrollo, característica que en gran parte, por no decir que casi que en su totalidad, ha sido el punto de quiebre para el Estado colombiano cuando de asegurar una correcta aplicación de la posición de garante se trata. Es por todo lo anterior, que al operador jurídico en aras de garantizar la protección efectiva de los derechos y libertades fundamentales de las víctimas, debe realizar un eficaz control de convencionalidad, entre lo señalado por los diferentes tratados de derechos humanos y lo señalado por el derecho interno colombiano, asegurándose de aplicar su propio derecho, sin llegar a ir en contra vía del derecho internacional. Precisamente, en procura de lo anterior, resulta imperioso determinar la caracterización de la conducta punible de desaparición forzada en el derecho penal colombiano, ley 599/00 y su representación en el derecho internacional de los derechos humanos desde la perspectiva del principio de complementariedad, en búsqueda de una protección efectiva de los derechos de las víctimas, además del cumplimiento de los compromisos internacionales a la cual Colombia se ve abocada.

Ahora bien, la conducta de desaparición forzada en Colombia se configura como un delito de extrema gravedad para los derechos fundamentales, siendo la comisión de tal conducta, no sólo vulneradora de los derechos humanos de la víctima directa, sino que además, las víctimas indirectas (familiares y otras personas cercanas), se ven gravemente afectadas en sus derechos. Se tiene que el derecho principalmente afectado es el de la libertad, además de otros de suma importancia, como el derecho al debido proceso, por tal, aquellos han sido llevados al derecho penal en forma de bienes jurídicos tutelados, en el que el Estado se ha volcado en si se quiere: castigar, a quien prive de la libertad a una persona, seguida de su ocultamiento. La ley 599 del 2000, en su artículo 165, define la desaparición forzada como: "El particular que someta a otra persona a privación de su libertad cualquiera que sea la forma, seguida de su ocultamiento y de la negativa a reconocer dicha privación o de dar información sobre su paradero, sustrayéndola del amparo de la ley, incurrirá en prisión de (…) A la misma pena quedará sometido, el servidor público, o el particular que actúe bajo la determinación o la aquiescencia de aquél, y realice la conducta descrita en el inciso anterior".

Por demás, la misma ley colombiana, específicamente en tratándose de derechos penal, ha integrado los derechos humanos a los diferentes códigos, tal es el caso de la ley 599 del año 2000, al señalar que: "Las normas y postulados que sobre derechos humanos se encuentren consignados en la Constitución Política, en los tratados y convenios internacionales ratificados por Colombia, harán parte integral de este código". Lo que supone para el operador jurídico, revisar que otras normas le obligan, ya no a nivel nacional, sino que su mirada deberá apuntar al plano internacional.

Ahora bien, al respecto de la conducta de la desaparición forzada, la Convención Internacional para la protección de todas las personas contra las desapariciones forzadas, del año 2006, ratificada por Colombia, la define como: "el arresto, la detención, el secuestro o cualquier otra forma de privación de libertad que sean obra de agentes del Estado o por personas o grupos de personas que actúan con la autorización, el apoyo o la aquiescencia del Estado, seguida de la negativa a reconocer dicha privación de libertad o del ocultamiento de la suerte o el paradero de la persona desaparecida, sustrayéndola a la protección de la ley." (ONU, 2006).

Por su parte, dentro del sistema de la OEA, la Convención Interamericana sobre Desaparición Forzada de Personas, de 1994, ratificada por Colombia, la conducta de la desaparición forzada, se define como: "la privación de la libertad a una o más personas, cualquiera que fuere su forma, cometida por agentes del Estado o por personas o grupos de personas que actúen con la autorización, el apoyo o la aquiescencia del Estado, seguida de la falta de información o de la negativa a reconocer dicha privación de libertad o de informar sobre el paradero de la persona, con lo cual se impide el ejercicio de los recursos legales y de las garantías procesales pertinentes." (OEA, 1994).

Entonces, a partir de estos dos grandes instrumentos, uno de las Naciones Unidas y otro de la Organización de Estados Americanos, el derecho colombiano ha integrado en su propia normatividad a partir de la ley 589 del año 2000, el delito de la desaparición forzada, lo que en aplicación del principio de tipicidad propio del derecho penal, abrió un compás de aplicación del derecho de forma más específica, en la medida que una vez configurados los elementos del tipo, resulta mucho más adecuada la subsunción de dicha conducta. Sin embargo, armonizar lo que se entiende en el derecho interno colombiano por desaparición forzada y los ingredientes del tipo del mismo, con lo preceptuado por los diferentes tratados ratificados por Colombia y que por demás han entrado en vigor, no resulta en la práctica en ocasiones sencillo, ya que se ven como sistemas jurídicos diferentes, ajenos entre sí y que se excluyen. Por tal, resulta importante establecer ¿cuál es la caracterización de la conducta punible de desaparición forzada en el derecho penal colombiano,

La Desaparición Forzada en el Derecho Penal Colombiano

ley 599/00 y su representación en el derecho internacional de los derechos humanos desde la perspectiva del principio de complementariedad? Y de esa manera, poder establecer claramente cómo integrar el derecho interno colombiano, con el derecho internacional.

Así las cosas, es necesario revisar cuál es la caracterización de la conducta punible de desaparición forzada en el derecho penal colombiano, ley 599/00 y su representación en el Derecho Internacional de los Derechos Humanos desde la perspectiva del principio de complementariedad.

Para lograr lo anterior, es necesario: identificar la tipicidad de la conducta punible de la desaparición forzada en el sistema penal colombiano, ley 599 del año 2000. A cuenta seguida, estudiar en el Derecho Internacional de los Derechos Humanos, los tratados que contemplan la desaparición forzada de personas. Para posteriormente, verificar el compromiso adquirido por el Estado colombiano frente a los tratados internacionales de derechos humanos, que contemplan la desaparición forzada de personas de manera directa o indirecta.

Así las cosas, la presente investigación se desarrolla a través de un análisis y contraste de información documental con miras al desarrollo formativo de los lectores, respecto a las características de la desaparición forzada en el derecho penal colombiano, ley 599/00, revisada desde el principio de complementariedad en el Derecho Internacional de los Derechos Humanos. Para el desarrollo de la investigación, se realiza un análisis contextual sobre la

Arcenio Velandia Sánchez y Alvaro Yohanny Gutiérrez Martínez

desaparición forzada en Colombia, abordando el aspecto histórico y normativo del delito, para así posteriormente, realizar lo propio desde el Derecho Internacional, con el objetivo de determinar las motivaciones internacionales e internas, que llevaron a caracterizar la desaparición forzada tal y como se entiende hoy en día. Una vez echo lo anterior, y para el locuaz desarrollo de los objetivos propuestos, es importante revisar dos aspectos: el primero, sobre la vinculatoriedad del derecho internacional, ya sea derecho convencional, derecho consuetudinario o por disposición de las normas de ius cogens y; el segundo, sobre el carácter de subsidiario o complementario del Derecho Internacional de los Derechos Humanos. Y así finalmente, en un análisis en contexto, del trabajo en su conjunto, poder realizar algunas conclusiones que le permitan al lector comprender la complejidad del asunto acá tratado.

Entonces, se afirma desde lo planteado la siguiente hipótesis: a conducta penal de la desaparición forzada descrita en la ley 599 del año 2000, responde a los compromisos internacionales adoptados por el Estado colombiano, en cumplimiento de su posición de garante en cuanto a incorporar los tratados internacionales al sistema jurídico colombiano, proteger los derechos humanos al rodearlo de garantías y llevarlos al código penal de forma de bienes jurídicos tutelados, y permitir el acceso a la justicia.

Así las cosas, el presente trabajo investigativo, inicia con la pregunta de investigación de: ¿Cuál es la caracterización de la conducta punible de desaparición forzada en el derecho penal colombiano, ley 599/00 y su representación en el derecho internacional de los derechos humanos desde la perspectiva del principio de complementariedad?

En el mismo trabajo escrito, se obtuvieron valiosas conclusiones, entre las cuales resalto las siguientes:

• El Derecho Internacional es complementario al derecho interno de los Estados, mandato emanado desde los principios del Derecho Internacional, específicamente los señalados por la Carta de San Francisco y la Carta de Estados Americanos. Por tal, la obligación principal de garantizar el goce y disfrute de los derechos y libertades fundamentales, recae en el Estado.

• El Derecho Internacional obliga al Estado por decisión misma de éste; ya que en ejercicio del principio de soberanía propio del derecho internacional y del componente del concepto Estado, éste decide libremente manifestar su consentimiento en querer obligarse en un tratado internacional, esto es: ex consensun advenit vinculum, por tal, es incorrecto afirmar que es un desconocimiento de la soberanía el hecho que un tratado internacional obligue a un Estado parte a su acatamiento. Por el contrario, tal obligación es una consecuencia que el mismo Estado ha decidido asumir.

• En desarrollo del principio de complementariedad, el Estado colombiano proscribió la desaparición forzada, tipificándola en la ley 599 del año 2000, caracterizándola de manera tal que resulta más protectora a la luz del Derecho Internacional. Lo anterior se evidencia ante la disimilitud del sujeto activo de la desaparición forzada en uno y otro derecho (el interno colombiano y el internacional), por una parte, como norma más restringida, el derecho internacional contempla exclusivamente a agentes del Estado o personas o grupos de personas que actúan con la autorización, el apoyo o la aquiescencia del Estado. Dicha calificación del sujeto activo, estrecha el marco de aplicación del derecho penal en tratándose de desaparición forzada.

- Por otra parte, la desaparición forzada en el derecho interno colombiano, específicamente, la del artículo 165 de la ley 599 del año 2000, contempla como sujeto activo de la conducta punible: al "particular", lo que supone un sujeto indeterminado singular, que a la postre, contempla de forma más garante la prevención y sanción de la desaparición forzada.

- El carácter de delito continuado del que se reviste la desaparición forzada, es una consecuencia apenas lógica de tal conducta por la naturaleza del mismo, sin embargo, tal particularidad proviene desde el Derecho Internacional, y que a la postre, ha sido adoptada por el derecho interno colombiano.

- Así se evidencia en los diferentes tratados sobre desapariciones forzadas suscritos y ratificados por Colombia, y que además, han visto cumplida la cláusula de vigor de los mismos. Tal es el caso de los tratados sobre desaparición forzada del SIDH y del SUDH.

- Por otra parte, se debe tener en cuenta que resulta importante la característica de delito continuado de la desaparición forzada, ya que evita que los términos de prescripción empiecen a contar desde el momento mismo de la comisión de la conducta, aplazando aquél término sólo hasta el momento en que se dé cuenta del paradero de la persona.

• Colombia está obligada frente al Derecho Internacional a garantizar los derechos y libertades fundamentales de las personas, así como de prevenir la desaparición forzada. Tales deberes no provienen directamente de las convenciones sobre desapariciones forzadas del SIDH y del SUDH, sino que son fruto de los diferentes tratados de Derecho Humanos ratificados por Colombia, tal es el caso de: el Pacto Internacional de Derechos Civiles y Políticos; Pacto Internacional de Derechos Económicos, Sociales, y Culturales y; la Convención Americana sobre Derechos Humanos.

• La obligación de garantizar el goce y disfrute de los derechos y libertades fundamentales de las personas, desde el Derecho Internacional, no sólo está dada por el Derecho Convencional, sino que además, el Derecho Internacional de la Costumbre y las normas de Ius Cogens, aparecen para asegurar el cumplimiento de aquellas garantías de derechos humanos.

Marco Conceptual

La conducta de la desaparición forzada ha resultado en la historia de la humanidad, como un acto atroz que menoscaba importantes derechos humanos, tanto de la víctima directa, así como de las demás víctimas indirectas de aquella conducta. Igualmente, la característica de continuidad en el tiempo, dejan a las víctimas indirectas, en un continuo estado de zozobra y desesperación por no poder completar su duelo, hecho que victimiza aún más a éstos.

Ahora bien, por conducta de desaparición forzada el código penal colombiano, ley 599 del 2000, establece que (Art. 165): "El particular someta a otra persona a privación de su libertad cualquiera que sea la forma, seguida de su ocultamiento y de la negativa a reconocer dicha privación o de dar información sobre su paradero, sustrayéndola del amparo de la ley, incurrirá en prisión" (Colombia, 2000). Lo anterior involucra, según lo que habrá una desaparición forzada cuando se dan los siguientes: "la privación de la libertad de una persona por agentes gubernamentales, por grupos organizados o por particulares que actúan a nombre del gobierno o con su apoyo, autorización o asentimiento, y la negativa a revelar su suerte o paradero o a reconocer que ella está privada de la libertad sustrayéndola así a toda protección legal". (C-317, 2002).

Aclarando además que a partir de esa misma sentencia, St. C-317/02, el concepto en Colombia sobre el agente activo de la comisión de la conducta de la desaparición forzada, se extendió de él Estado y agentes de él que actúen es su representación o con aquiescencia de aquél, a cualquier persona que sustraiga de la libertad a un individuo seguido de su ocultamiento.

Ahora bien, para desarrollar los objetivos propuestos para la presente investigación, se hace necesario desarrollar el contexto del derecho internacional, específicamente el que refiere al derecho de los tratados, ya que

La Desaparición Forzada en el Derecho Penal Colombiano

ellos fueron los que trajeron en principio, la conducta de la desaparición forzada al derecho penal colombiano.

Dentro de la historia de la humanidad, la desaparición forzada de personas ha sido una conducta de continua aplicación, especialmente perpetrada por agentes del Estado, ora bien por política criminal misma del gobierno de turno, ora bien como política de guerra. Actos que a partir de su desbordamiento en la segunda guerra mundial, obligó a la comunidad internacional a tipificar de forma expresa, la prohibición de someter a las personas a tales conductas de lesa humanidad.

Se debe señalar que por tratado internacional, se entiende todo "acuerdo internacional celebrado por escrito entre Estados y regido por el derecho internacional, ya conste en un instrumento único o en dos o mis instrumentos conexos y cualquiera que sea su denominaci6n particular" (Naciones Unidas, 1969), adicionándose además a las organizaciones internacionales como sujetos de derecho a partir del año 1986.

Las reglas de los tratados son claras, por demás que en últimas se trata de un contrato en el plano del derecho internacional y que una vez manifestado el consentimiento, se genera una obligación de cumplir con lo pactado, a lo anterior se le conoce como ex consensu advenit vinculum, es decir, del consentimiento válidamente otorgado deviene la obligación de cumplir. Dicho lo anterior, solo le resta al Estado pactante, cumplir de buena fe, es decir, pacta sunt servanda, de conformidad con lo preceptuado por el artículo 26 de la Convención de Viena de 1969.

CAPÍTULO 1

La Desaparición Forzada en el Derecho Penal Colombiano

Cuando de referir a la conducta de la desaparición forzada en el derecho penal colombiano se trata, lo primero que hay que señalar es que ésta aparece tardíamente en el derecho penal, existiendo sólo como representación del delito de secuestro como violación al derecho de la libertad personal de las personas, desconociéndose la desaparición forzada como una conducta con implicaciones diferentes y más aberrantes.

Es por tal que antes de que se tipificara la conducta de la desaparición forzada en Colombia, lo que se indilgaba a los agentes comitivos de aquella conducta, era el delito de secuestro, que cabe anotar, éste aparece como delito desde el Código Penal de la Nueva Granada de 1837, donde se "estipularon varias descripciones relacionadas con los atentados contra los derechos individuales y la libertad personal" (Centro Nacional de Memoria Histórica, 2014, pág. 63), en aquella disposición normativa, se señaló los siguiente: "El que de propia autoridad y sin ejercer alguna pública arrestare o prendiere a alguna persona para oprimirla, mortificarla o detenerla en custodia privada... incurrirá en el delito de detención privada" (Ibíd.).

Sin embargo, como se extrae de la lectura, la tipificación específica no se trató de secuestro, aunque sus alcances eran los mismos. No sería sino hasta 1980, mediante el decreto ley 100, código penal de la época, "expedido por el

Presidente Turbay Ayala en virtud de facultades extraordinarias" (Ibíd.), que se tipificó el delito del secuestro, estableciéndolo en los siguientes términos: "El que arrebate, substraiga, retenga u oculte a una persona con el propósito de exigir por su libertad un provecho o cualquier utilidad, o para que se haga u omita algo, o con fines publicitarios o de carácter político, incurrirá en prisión de (...)". (Presidente de la República de Colombia, 1980).

Se tenía entonces que el delito de secuestro subsumía al de la conducta de la desaparición forzada, aunque debe saberse que de forma irregular, ya que aquella encontraba ingredientes más ricos que lo alejaban de un mero secuestro o una privación de la libertad.

Ahora bien, la desaparición forzada encuentra su asidero inicialmente en el derecho internacional, por lo que Colombia se ve forzada a volcarse a iniciar una actividad legislativa que permitiera la tipificación de aquél delito, encontrando sus primeros antecedentes propiamente dichos, en el derecho disciplinario.

Entonces, es la ley 4ª de 1990, Por la cual se reorganiza la Procuraduría General de la Nación, se asignan funciones a sus dependencias y se dictan otras disposiciones, que incorpora dos grandes directrices sobre la conducta de desaparición forzada, la primera: la creación de una Sección de Asuntos Disciplinarios por Desapariciones, Genocidios y Torturas, y: "Adelantar y decidir, en única instancia, la acción disciplinaria por la participación en actos que configuren genocidios, torturas y desapariciones de personas, en que incurran en ejercicio de sus funciones los miembros del Ministerio de Defensa Nacional, las Fuerzas Militares, la Policía Nacional; los funcionarios o personal de los organismos adscritos o vinculados a esas instituciones, y los demás funcionarios y empleados". (Congreso de la República, 1990).

Aportes no menores en el insuficiente sistema normativo de la época, frente al delito de la desaparición forzada. Así mismo, cabe recordar otras disposiciones normativas que permitían apuntar a la configuración de una desaparición de la persona, se trata pues, de la presunción de muerte por desaparecimiento que el código civil incorpora. El artículo 96 de la ley 57 de 1887 señala que: "Cuando una persona desaparezca del lugar de su domicilio, ignorándose su paradero, se mirará el desaparecimiento como mera ausencia, y la representarán y cuidarán de sus intereses, sus apoderados o representantes legales" (Congreso de la República, 1887), y se presumirá por muerta si pasaren dos años sin noticia del ausente.

Se resalta que aquella figura pese a ser propia del derecho privado, y de no condenar la responsabilidad de nadie, si tenía efectos patrimoniales y especialmente morales, pues de cierta manera, el Estado declaraba la desaparición del individuo. Mismo concepto es manifestado por el Centro Nacional de Memoria Histórica (2014), al señalar que: "Como se desprende de la normatividad enunciada, aunque no se trata de una herramienta que busque establecer responsables y buscar al desaparecido, sí es un instrumento legal que genera unas consecuencias jurídicas para el desaparecido y sus familiares que, en todo caso, propende por no dejar la desaparición en estado de permanente indeterminación. Aunque es posible concluir que algunos casos de desaparición forzada se direccionaron mediante esta figura, por lo general los familiares de los desaparecidos se abstuvieron de acudir a ella porque consideraron que con ello "daban muerte" a su familiar". (p. 67).

Ahora bien, como antecedentes importantes en la aparición de la conducta de la desaparición forzada en el derecho penal colombiano, debe citarse algunos proyectos de ley que pese a que nunca vieron la vida, si muestran ese deseo de que se condenase a quienes arbitrariamente disponían de los derechos y libertades fundamentales de las personas. "El proceso de tipificación del delito de desaparición forzada en Colombia no se dio sin dificultades. Aunque desde 1994 existía el tipo penal supranacional de desaparición forzada, Colombia solo cumplió con sus obligaciones de tipificación adquiridas como signataria de la Convención Interamericana sobre Desaparición Forzada de Personas a partir de la ley 589 de 2000. Esta ley estableció el delito de desaparición forzada y creó la Comisión de Búsqueda de Personas Desaparecidas (CBPD), primer intento serio de convertir la lucha contra la desaparición forzada en derrotero estatal y política pública. Sin embargo, el proceso legislativo de tipificación de la desaparición forzada en Colombia fue tortuoso, debido a las dificultades que se presentaron en el trámite parlamentario de las múltiples iniciativas legislativas fallidas en la materia. Seis proyectos fracasaron desde 1988 antes de que fuera aprobada la ley 589 de 2000". (Centro Nacional de Memoria Histórica, 2014, pág. 100).

Se tiene entonces que antes de que el delito de la desaparición forzada apareciera finalmente en la ley 589 del año 2000, surgieron varios proyectos de ley que buscaron tipificar aquella conducta. El primero de ellos, fue el Proyecto de ley número 224 de 1988, impulsado por el ministro de justicia del momento: Guillermo Plazas Alcid; posteriormente, el proyecto de ley 30 de 1990 fue presentado por el gobierno a la Cámara de Representantes, donde nuevamente, no superó los debates y por tal, no fue aprobada; de forma seguida, el proyecto de ley 152 de 1992, presentado por la senadora Vera Grabe, cofundadora del M-19. Al igual que sus antecesores, este proyecto no prosperó. (Centro Nacional de Memoria Histórica, 2014).

Asimismo, los proyectos de ley número de 277 de 1993, 331 de 1993, 129 de 1997, 222 de 1998, 20 de 1998 y 142 de 1998, buscaron al igual que sus antecesores, la tipificación de la conducta de la desaparición forzada, con resultados ya conocidos, aunque se debe aplaudir el esfuerzo que finalmente permitió la aparición de aquél delito en la legislación colombiana. (Ibíd.).

Caracterización de la Desaparición Forzada en el Derecho Penal Colombiano

La desaparición forzada aparece en la ley 599 del 2000, en el artículo 165, el cual establece que: "El particular que someta a otra persona a privación de su libertad cualquiera que sea la forma, seguida de su ocultamiento y de la negativa a reconocer dicha privación o de dar información sobre su paradero, sustrayéndola del amparo de la ley, incurrirá en prisión de (…)"

La Desaparición Forzada en el Derecho Penal Colombiano

Como es lo propio de los diferentes tipos penales, este cuenta con unos ingredientes que lo componen, a saber: un bien jurídico que protege, un verbo rector, un sujeto activo y un sujeto pasivo de la conducta. En cuanto al primero, el bien jurídico tutelado que protege el tipo penal de la desaparición forzada de personas, no debe entenderse como uno directamente conexo al protegido por el tipo penal del secuestro, ya que este último busca proteger el bien jurídico de la libertad, mientras el primero, protege una pluralidad de bienes jurídicos. Así lo determinó la Corte Constitucional al señalar que: "En efecto, mientras la tipificación de la desaparición forzada busca la protección de una multiplicidad de bienes jurídicos -tales como el derecho a la vida, a la libertad y a la seguridad de su persona, la prohibición de tratos crueles, inhumanos o degradantes, el derecho a no ser arbitrariamente detenido, preso ni desterrado, el derecho a un juicio imparcial y un debido proceso, el derecho al reconocimiento de la personalidad jurídica ante la ley y el derecho a un tratamiento humano de detención, entre otros-, el secuestro solamente protege el bien jurídico de la libertad y autonomía personal. Además, mientras el delito de secuestro lo comete quien arrebate, sustraiga, retenga u oculte a una persona con los fines determinados en la legislación penal, la comisión de la desaparición forzada se consuma en dos actos: la privación de la libertad de una persona -que puede ser, incluso ab initio legal y legítima-, seguida de su ocultamiento, y además la negativa a reconocer dicha privación o de dar información sobre su paradero sustrayéndola del amparo legal". (Sentencia C-317 del año 2002, 2002, Párrafo [200]).

Idea ratificada por el autor Jaime Sandoval (2012), el cual señala que: "El bien jurídico de la desaparición forzada tanto en el ámbito internacional (Art. 7° Lit.i.- Estatuto de Roma de 1998), como en el delito nacional (Arts. 165 y ss del C.P. colombiano), coinciden en que el bien jurídico afectado con la desaparición forzada es múltiple (Ambos K. y Bhöm M.L., 2009 p. 245), pues en primer lugar tiene un nivel de vulneración individual, toda vez que se afecta la libertad individual con la privación de la libertad de la persona, como su integridad e incluso su vida(Lesiones personales, tortura, homicidio de la persona desaparecida). A su vez se afecta un nivel frente a la seguridad en general e incluso la seguridad jurídica y el factor familiar pues las victimas afectivas del hecho, corresponden precisamente a los familiares que no pueden reclamar la desaparición. En tercer lugar se afectan bienes jurídicos colectivos, toda vez que la sociedad se observa debilitada en su aparato de administración de justicia, por la imposibilidad de ejercer los recursos para el reclamo del paradero de la persona, sus derechos garantías etc. Y sobre todo de la verdad histórico-social sobre el hecho". (Ambos K. y Bhöm M.L., 2009 p. 245). (Págs. 25, 26)..

En otro orden de cosas, pese a que para la comisión de la conducta es necesario sustraer de la libertad a una persona, su objetivo no este, sino que el fin es desaparecer a la persona, así lo reseñó Maria, B. y Catalina, M., (2004), al señalar que se trataba pues de una conducta de tipo complejo, ya que la "intención de privar de la libertad, [...] es tan solo el medio para conseguir el resultado querido por el agente, cual es el ocultamiento, con el fin de reprimir a un sujeto el cual se opone a los diversos propósitos del Estado o del grupo" (Brijalbo Acosta & Londoño Peña, 2004, pág. 29). "Para Camilo Sampedro Arrubla, la desaparición forzada no se dirige a privar de la libertad a las persona, aunque esta se afecte evidentemente y sea un requisito previo a la acción; la intención del agente se concreta en el coultamiento del paradero de la persona privada de la libertad. Este objetivo buscado por el agente al desaparecer, es lo que a juicio de las autoras, diferencia el delito analizado de otras conductas típicas, en las que también se priva de la libertad al sujeto pasivo, como por ejemplo, el secuestro". (Ibíd.).

Se tiene entonces que la desaparición forzada requiere para su configuración, la privación de la libertad de la persona, sin dar cuenta de su paradero, es decir, subsistirían dos etapas para la comisión de aquél. El autor Jaime S. (2012), señala que existen dos fases: "la primera relativa a la privación de la libertad y la segunda a la no información sobre dicha privación con la sustracción de los derechos derivados del amparo de la ley. Sobre este aspecto Ambos K. y Bhöm M.L. (2009 p. 210 y 211), sostienen que la primera fase se desarrolla cuando se hace desaparecer a la persona, con las consecuencias señaladas (nivel personal de afectación del bien jurídico) e impedir que la administración de justicia pueda ejercer sus deberes jurisdiccionales y de protección". (nivel colectivo de afectación del bien). "En la primera fase, es necesario observar que si se trata de la conducta tradicional sujeta a la producción de la desaparición forzada por parte de agentes estatales, esta privación en principio no sería ilegal, pues las autoridades ejecutoras tendrían algún rasgo de competencia para hacerlo y la segunda fase, seguiría después de no informar a la persona, sobre los motivos de la retención y a negarle sus derechos o amparo legal. Por otra parte si se trata de la conducta nacional, la situación desde el comienzo, se constituiría en ilícita, en lo que hace referencia al primer inciso del art. 165 del C.P., pues se refiere a la conducta cometida por cualquier persona, entre ellas a los particulares. Por su parte el segundo inciso si correspondería a esta interpretación inicial. En cuanto a la segunda fase, la no información sobre el paradero de la persona, constituye un elemento esencial de la conducta, pues con ella se impide a la persona acudir a reclamar sus garantías para que se aclare los motivos de su retención (Ambos K. y Bhöm M.L., 2009 p. 233). Por ello se menciona que se trata de la conducta de sustraer a la persona del amparo legal. En todo caso en la norma nacional este asunto debe ser observado bien como la conducta omitiva de agentes estatales o bien la conducta de particulares que impiden que la persona desaparecida, acuda a los mecanismos legales correspondientes para reclamar su libertad , es posible que desde este punto de vista se resuelva la duda de la desaparición realizada por particulares que desde el punto de vista internacional se considera excesiva en la tipicidad colombiana Ambos K. y Bhöm M.L". (2009 p. 218).

En cuanto a los sujetos del tipo de desaparición forzada, se debe tener en cuenta que el derecho internacional contempla al Estado o personas que actúen bajo su aquiescencia como el sujeto activo de la conducta. Es importante tener claro que en este punto el Derecho Internacional de los Derechos Humanos se aleja del Derecho Penal colombiano, pero no es un distanciamiento caprichoso, ya que el campo de aplicación en cuanto a la responsabilidad de uno y otro derecho, es disímil, es decir, por un lado, es el Estado en su posición de garante el único responsable frente a este tratado, ya que sólo es este quien tiene personalidad jurídica internacional; y por otra parte, el Derecho Penal interno, contempla como responsable a aquella persona que cometa una conducta típica, antijurídica y culpable.

Entonces, en el campo del derecho internacional, el Estado colombiano se configura como el sujeto activo de la conducta, por un lado, ante el Sistema Universal de Protección de los Derechos Humanos, el cual establece como sujetos activos de la conducta de la desaparición forzada, a "agentes del Estado o (…) personas o grupos de personas que actúan con la autorización, el apoyo o la aquiescencia del Estado" (ONU, 2006), concepto similar al que recoge la Convención Interamericana sobre Desaparición Forzada de Personas del SIDH, el cual al fijar quien se configura como sujeto activo de la conducta, señala que es: o bien "agentes del Estado [o bien] (...) personas o grupos de personas que actúen con la autorización, el apoyo o la aquiescencia del Estado" (OEA, 1994).

Es de resaltar sobre lo anterior que la convenciones, la del SUDH o del SIDH, "no pretende[N] determinar directamente los elementos constitutivos de responsabilidad penal individual, sino que fija ciertos elementos a los cuales las partes deben adecuar su derecho penal interno" (C-580/02 , 2002, Párrafo [100]).

Lo anterior tiene sentido si se tiene en cuenta que el Derecho Internacional de los Derechos Humanos, sólo contempla como sujeto de obligaciones a algunos sujetos del derecho internacional, excluyendo a la persona humana del mismo, es decir, el individuo no es responsable por la infracción de los derechos humanos contenidos en un tratado internacional, sólo lo es en el plano del Derecho Penal Internacional si fuera el caso.

En ese orden de ideas, la Corte Constitucional colombiana en la sentencia que realizó el control constitucional al tratado sobre desaparición forzada de las Naciones Unidas, señaló que: el hecho de que los sujetos activos de la conducta no sean los mismos en derecho internacional y el derecho colombiano, "no repercute directamente sobre la responsabilidad penal prevista en el derecho interno colombiano, ni en las reglas del derecho internacional que vinculan al Estado colombiano". (C-620/11, 2011, Párrafo [102]).

Ahora bien, desde el Derecho Penal colombiano, el sujeto activo de la conducta en un principio era calificado, en donde este era el "particular que perteneciendo a un grupo armado al margen de la ley", lo que condicionaba la comisión del delito a algunas personas. Tal característica se dio dentro del contexto del conflicto armado en el que el Estado colombiano no quería ampliar el delito hacía otros agentes, que sólo hubiera traido responsabildades sobre el mismo Estado, por lo menos así se evidenció claramente en los múltiples proyectos de ley fallidos sobre el particular. Sin embargo, tal característica fue declarada inexequible por la Sentencia C-317-02 de 2 de mayo de 2002, de la Magistrada Ponente Dra. Clara Inés Vargas Hernández, el cual recordó que: "El inciso primero del artículo 165 del Código Penal, por su parte, involucra como sujeto activo del delito de desaparición forzada al particular "que pertenezca a un grupo armado al margen de la ley". Para la Corte esta expresión es inconstitucional, porque reduce significativamente el sentido y alcance de la protección general contenida en el artículo 12 de la Carta Política. En efecto, el sujeto activo allí determinado excluye a otros que potencialmente también pueden realizar el supuesto fáctico penalizado en la norma, a saber:

> a.El particular que no pertenezca a ningún grupo. Es decir, quien realiza el hecho punible individualmente o motu proprio.
>
> b.El particular que pertenezca a un grupo pero que éste no sea armado
>
> c. El particular que pertenezca a un grupo armado pero que no se encuentre al margen de la ley. (Párrafo [200]).

Por lo anterior, la misma sentencia realizó un fuerte llamado al legislado, en cuanto dejó de lado otros posibles sujetos activos de la conducta, que de continuarse excluyendo, se estaría permitiendo una múltiple vulneración de derechos fundamentales. "Sobre el particular, cabe recordar que el Estado como responsable de la efectividad de los derechos constitucionales fundamentales, no sólo está comprometido a no vulnerarlos sino a hacer todo lo que esté a su alcance para respetarlos, garantizarlos, protegerlos y promoverlos, razón por la cual la tipificación de los delitos debe estar en consonancia con la Carta Política. Por ello, el Estado no cumple con su deber de proteger los derechos constitucionales fundamentales, cuando al sancionar determinadas conductas violatorias de los derechos humanos deja de tipificar y sancionar los comportamientos de otros sujetos que potencialmente están en capacidad de afectar tales derechos fundamentales -bienes jurídicos tutelados con la norma penal-". (C-317, 2002, Párrafo [220]).

Por otra parte, en consideración al sujeto pasivo de la conducta de desaparición forzada, se tiene que es indeterminado y singular, lo que en atención a los argumento anteriormente esbozados en la sentencia C-317 de 2002, busca abrir el compás de tal suerte que ampare a toda aquella persona sin distinción alguna, que sea sustraída de la libertad y se desaparezca.

Por último, una de las características más importantes de las que se reviste la desaparición forzada, es la continuidad de esta, es decir, es un delito de ejecución permanente que solo cesa en el momento que se tiene cuenta del paradero de la persona. Particularidad razonable y que es traída desde el mismo derecho internacional, a saber, aquél elemento es señalado inicialmente por la Declaración sobre la protección de todas las personas contra las desapariciones forzadas en su artículo 17.1, al señalar que: "Todo acto de desaparición forzada será considerado delito permanente mientras sus autores continúen ocultando la suerte y el paradero de la persona desaparecida y mientras no se hayan esclarecido los hechos" (1992).

Igualmente, tal noción fue re-afirmada por la Convención Interamericana sobre Desaparición Forzada de Personas en su artículo tercero, al señalar que: "Dicho delito será considerado como continuado o permanente mientras no se establezca el destino o paradero de la víctima" (1994). Característica que de la misma forma apareció en la Convención Internacional para la protección de todas las personas contra las desapariciones forzadas, al señalar dentro de las circunstancias de prescripción de la acción penal, que "Se cuente a partir del momento en que cesa la desaparición forzada, **habida cuenta del carácter continuo de este delito.**" (2006, Art. 8.b). (Negrilla fuera del texto original). "Esta obligación resulta razonable si se tiene en cuenta que la falta de información acerca de la persona desaparecida impide a la víctima y a sus familiares el ejercicio de las garantías judiciales necesarias para la protección de sus derechos y para el esclarecimiento de la verdad: la persona sigue desaparecida. Esta situación implica que la lesión de los bienes protegidos se prolonga en el tiempo, y por tanto, la conducta sigue siendo típica y antijurídica hasta que el conocimiento que se tenga acerca del paradero de la persona permita el ejercicio de tales garantías judiciales. En esa medida, la conducta de desaparición forzada se realiza durante el tiempo en que se prolongue la privación de la libertad y no se tenga información acerca de la persona o personas que se encuentren en tal circunstancia. (C-580/02 , 2002, párrafo [25]).

Entonces, mientras no se de cuenta del paradero de la persona, se tiene que el delito se renueva, por lo que no pueden operar las reglas de prescripción del delito, sino hasta que la persona aprezca, momento en el cual iniciará a correr dicho término de prescripción.

CAPÍTULO 2
La Desaparición Forzada en el Derecho Internacional

La conducta de la desaparición forzada tiene unos claros antecedentes en el derecho internacional, ya que es en aquél escenario, donde se gestó un claro movimiento liderado por la comunidad internacional y que resultó finalmente en la tipificación de aquella en el derecho penal colombiano. Para reseñar el camino que surtió la conducta de la desaparición forzada en el derecho internacional, lo primero que hay que señalar, es que ésta tuvo un claro determinador en la Segunda Guerra Mundial, donde la privación de la libertad de los detenidos por parte de la Alemania Nazi, no iba acompañada por la protección de sus garantías judiciales, entre ellas, las que le asiste a los familiares de los privados de la libertad, para el caso, el derecho a conocer sobre el paradero de estos, entre muchos otros derechos vulnerados.

Sobre el anterior, cabe mencionar el decreto nazi Nacht und Nebel (Noche y Niebla) "Directivas para la persecución de las infracciones cometidas contra el Reich o las fuerzas de ocupación en los territorios ocupados" expedido el 07 de julio de 1941, decreto que en específico, y a propósito de la materia acá tratada, daba una orden directa de desparecer a aquellos "que en los territorios ocupados cometan acciones contra las fuerzas armadas" (Hitler, citado por la Historia del Tercer Reich, 2012, párrafo 3). (Págs. 23, 24).

En aquella directriz, se le ordenó al comandante supremo de la Wehrmacht, mariscal Wilhelm Keitel, que:

La Desaparición Forzada en el Derecho Penal Colombiano

Las personas que en los territorios ocupados cometan acciones contra las fuerzas armadas han de ser transferidas al Reich para que sean juzgadas por un tribunal especial.

Si por alguna razón no fuese posible procesarlas, serán enviadas a un campo de concentración con una orden de reclusión válida, en términos generales, hasta el final de la guerra.

Parientes, amigos y conocidos han de permanecer ignorantes de la suerte de los detenidos: por ello, estos últimos no deben de tener ninguna clase de contacto con el mundo exterior.

No podrán escribir ni recibir paquetes ni visitas.

No deben transmitirse a ningún organismo extranjero informaciones sobre la vida de los detenidos.

En caso de muerte, la familia no debe de ser informada hasta nueva orden. (Ibíd. Párrafos 3-8).

Aquel instrumento denotaba una práctica aberrante de común usanza en aquél conflicto armado, prácticas que quedarían en su mayoría en la impunidad absoluta, en razón a la falta de tipificación de la conducta. Sin embargo, para el caso, es de recordar que los juicios de Núremberg alcanzaron algo de justicia.

En atención a lo anterior, la desaparición forzada como grave conducta vulneratoria de los derechos humanos, empieza a preocupar a la comunidad internacional, permitiéndole a los grandes sistemas de protección de derechos humanos en el mundo, abrirse paso hacia la creación de diferentes corpus iuris sólidos, que proscribieran positivamente, la comisión de aquella reprochada conducta.

Así bien, dada la importancia de los diferentes sistemas de protección de derechos humanos en el mundo, para efectos de practicidad, se abordará el desarrollo de la conducta de la desaparición forzada tanto desde el Sistema Universal de Protección de Derechos Humanos, como desde el Sistema Interamericano de Protección de Derechos Humanos. Ambos de forma individualizada.

La Desaparición Forzada en el Sistema Universal de Protección de Derechos Humanos

En 1945, una vez finalizada la Segunda Guerra Mundial, el mundo vio la necesidad de crear un nuevo sujeto del Derecho Internacional Público, se trató pues: de la Organización de las Naciones Unidas, constituida con el propósito principal de garantizar paz y seguridad internacionales, además asegurar la protección y promoción de los derechos humanos.

Desde la Carta de San Francisco, tratado que dio vida a las Naciones Unidas, se estableció que aquella organización debía cumplir funciones[1] en torno a los

---

[1] Realizar la cooperación internacional en la solución de problemas internacionales

derechos humanos, funciones que se empezarían concretar más adelante con la Declaración Universal de las Naciones Unidas, manifestación política de carácter general que hace un llamado a todos los Estados para que garanticen los derechos humanos.

Sin embargo, tal declaración, pese a su gran importancia en la protección de los derechos humanos, carece de efecto vinculante, es decir, no se suscribe a

---

de carácter económico, social, cultural o humanitario, y en el desarrollo y estímulo del respeto a los derechos humanos y a las libertades fundamentales de todos, sin hacer distinción por motivos de raza, sexo, idioma o religión; y (Naciones Unidas, 1945, Art. 1.3).

fomentar la cooperación internacional en materias de carácter económico, social, cultural, educativo y sanitario y ayudar a hacer efectivos los derechos humanos y las libertades fundamentales de todos, sin hacer distinción por motivos de raza, sexo, idioma o religión. (Ibíd. Art. 13.b).

el respeto universal a los derechos humanos y a las libertades fundamentales de todos, sin hacer distinción por motivos de raza, sexo, idioma o religión, y la efectividad de tales derechos y libertades. (Ibíd. Art. 55.c).

El Consejo Económico y Social podrá hacer recomendaciones con el objeto de promover el respeto a los derechos humanos y a las libertades fundamentales de todos, y la efectividad de tales derechos y libertades. (Ibíd. Art. 62.2).

El Consejo Económico y Social establecerá comisiones de orden económico y social y para la promoción de los derechos humanos, así como las demás comisiones necesarias para el desempeño de sus funciones. (Ibíd. Art. 68).

promover el respeto a los derechos humanos y a las libertades fundamentales de todos, sin hacer distinción por motivos de raza, sexo, idioma o religión, así como el reconocimiento de la interdependencia de los pueblos del mundo; y (Ibíd. Art. 76.c).

los principios del Derecho de los Tratados, lo que trae a consecuencia, que su aplicación y exigibilidad, recaiga exclusivamente al campo político. Circunstancia que rápidamente sería corregida por la comunidad internacional, generando así una explosión de tratados internacionales que cumplen los propósitos de protección y promoción de los derechos humanos, pero que además, se mueven bajo reglas de exigibilidad propias de los tratados internacionales.

Es entonces que aparece el Pacto Internacional de Derechos Civiles y Políticos (1966), principal tratado de derechos humanos en el Sistema de Protección de los Derechos Humanos de las Naciones Unidas, y que se constituiría en el primer instrumento que tendrían los Estados para una real protección convencional en materias como la desaparición forzada.

El PIDCP, no hace ninguna alusión expresa frente a la desaparición forzada, sin embargo si lo hace frente a otros derechos que de forma conexa se ven vulnerados, aludiendo pues al: derecho a la vida (Art. 6) y a las garantías procesales (Arts. 10 y 14), entre otros. Señalando que este tratado, además de tener con efectos vinculantes, también cuenta con un comité encargado de supervisar la aplicación del PIDCP, con potestades para "examinar las denuncias de los particulares en relación con supuestas violaciones del Pacto cometidas por los Estados Partes en el Protocolo" (Naciones Unidas, 2016).

Pacto Internacional de Derechos Civiles y Políticos.

El Pacto Internacional de Derechos Civiles y Políticos de 1966, adoptado por la Asamblea General de las Naciones Unidas, es quizás el tratado de derechos humanos más importante del Sistema Universal de Derechos Humanos, en él se consagran los llamados derechos de primera generación, estos son los derechos de carácter personal de los que goza todo ser humano.

Tal pacto, se fundamenta esencialmente el concepto de la dignidad del ser humano por lo que desarrolla algunos de los derechos más cercanos a este concepto, tales como: la vida, la libertad, la igualdad, el debido proceso, entre otros. Por tal, la desaparición forzada encuentra un gran fundamento en el Pacto Internacional de Derechos Civiles y Políticos, ya que es este tratado quien en principio y de manera general, abarca todos los derechos que tal conducta criminal desconoce.

Resolución 3450 de la Asamblea General de las Naciones Unidas, sobre personas desaparecidas en Chipre.

La Resolución 3450 del 09 de diciembre de 1975, de la Asamblea General de las Naciones Unidas, se alza como el primer instrumento de tipo internacional que hace una referencia específica a la desaparición forzada. En ella, se solicita al Secretario General de las Naciones Unidas "que haga todo lo posible para ayudar, en estrecha cooperación con el Comité Internacional de la Cruz Roja, a localizar a las personas desaparecidas como resultado del conflicto armado en Chipre y determinar lo que ha sucedido con ellas" (Párrafo 3).

En aquél instrumento jurídico, la Asamblea General de las Naciones Unidas recogiendo los ánimos de la comunidad internacional, señala un fenómeno que pese a existir fácticamente, no había sido reconocido formalmente, así que tal resolución avanzó de forma significativa, no sólo por la calidad de la organización que la emitió, sino por el reconocimiento plasmado en él.

Resolución 33/173 de la Asamblea General de las Naciones Unidas, sobre personas desaparecidas.

Esta resolución de las Naciones Unidas se configuró como el primer instrumento internacional de carácter político, el cual, de manera general, instaba a los gobiernos del mundo, a cooperar con la prevención de la conducta de la desaparición forzada o involuntaria de personas. En aquella resolución, se señalaba que: "Recordando las disposiciones de la Declaración Universal de Derechos Humanos, y en particular los artículos 3, 5, 9, 10 y 11, relativos, entre otras cosas, al derecho a la vida, a la libertad, y a la seguridad de las personas, a no ser sometido a torturas, a no ser arbitrariamente detenido ni preso y al derecho a ser oído públicamente y con justicia por un tribunal, y las disposiciones de los artículos 6, 7, 9 y 10 del Pacto Internacional de Derechos Civiles y Políticos, que definen algunos de esos derechos y establecen salvaguardas para ellos, (...) *Profundamente preocupada* por los informes procedentes de diversas partes del mundo en relación con la desaparición forzada o involuntaria de personas a causa de excesos cometidos por autoridades encargadas de hacer cumplir la ley, o encargadas de la seguridad, o por organizaciones análogas, a menudo mientras esas personas están sujetas a detención o prisión, así como a causa de actos ilícitos o de la violencia generalizada, (...) *Profundamente conmovida,* por la angustia y el pesar que esas circunstancias causan a los familiares de las personas desaparecidas, especialmente a los cónyuges, los hijos y los padres" Solicitando más adelante, a los gobiernos del mundo, a que se dediquen los recursos necesarios para la búsqueda de las personas, y para que realicen las investigaciones de forma rápida y asertiva; a que garanticen la plena responsabilidad en sus funciones; a que garanticen la protección de los derechos humanos y; a que cooperen de manera conjunta, con otros gobiernos y organizaciones internacionales, y otros organismos, para buscar y ubicar a las personas desaparecidas.

A la Comisión de Derechos Humanos, que haga las recomendaciones necesarias sobre la cuestión de las personas desaparecidas. Y al Secretario General de las Naciones Unidas, a que continúe con sus buenos oficios en los casos de desapariciones forzosas.

Arcenio Velandia Sánchez y Alvaro Yohanny Gutiérrez Martínez

Declaración sobre la protección de todas las personas contra las desapariciones forzadas.

La Asamblea General de las Naciones Unidas, a través de la resolución 47/133 de 18 de diciembre 1992, profirió la "Declaración sobre la protección de todas las personas contra las desapariciones forzadas", en la que se hace un llamado al mundo entero, para: cometer, autoriza, ni tolerar las desapariciones forzadas, señalando además que: "Todo acto de desaparición forzada constituye un ultraje a la dignidad humana. Es condenado como una negación de los objetivos de la Carta de las Naciones Unidas y como una violación grave manifiesta de los derechos humanos y de las libertades fundamentales proclamados en la Declaración Universal de Derechos Humanos y reafirmados y desarrollados en otros instrumentos internacionales pertinentes. Todo acto de desaparición forzada sustrae a la víctima de la protección de la ley y le causa graves sufrimientos, lo mismo que a su familia. Constituye una violación de las normas del derecho internacional que garantizan a todo ser humano, entre otras cosas, el derecho al reconocimiento de su personalidad jurídica, el derecho a la libertad y a la seguridad de su persona y el derecho a no ser sometido a torturas ni a otras penas o tratos crueles, inhumanos o degradantes. Viola, además, el derecho a la vida, o lo pone gravemente en peligro". (Art. 1).

Tan instrumento de las Naciones Unidas resulta de vital importancia dentro de la lucha aunada del mundo por proteger a las personas de la desaparición forzada, incluyendo tal resolución, no sólo aspectos políticos y administrativos, sino que su llamado involucra al cuerpo legislativo de cada Estado, además de sus organismos judiciales.

Además, es importante señalar que tal declaración, señala la obligatoriedad que tienen los Estados en investigar, perseguir, juzgar y condenar al culpable de desapariciones forzadas[2], lo que supone un cambio en el sistema penal de cada Estado, ya que solicita expresamente que aquellos agentes, sean condenados punitivamente por su accionar, incluyendo la "responsabilidad civil de sus autores y la responsabilidad civil del Estado o de las autoridades del Estado que hayan organizado, consentido o tolerado tales desapariciones" (Ibíd. Art. 5).

Convención Internacional para la Protección de todas las Personas contra las Desapariciones Forzadas.

Dentro del sistema de protección de Derechos Humanos de las Naciones Unidas, la Convención Internacional para la protección de todas las personas

---

[2] Artículo 3
Los Estados tomarán medidas legislativas, administrativas, judiciales y otras medidas eficaces para prevenir o erradicar los actos de desapariciones forzadas en cualquier territorio sometido a su jurisdicción.
Artículo 4
1. Todo acto de desaparición forzada será considerado, de conformidad con el derecho penal, delito pasible de penas apropiadas que tengan en cuenta su extrema gravedad.
2. Las legislaciones nacionales podrán establecer circunstancias atenuantes para quienes, habiendo participado en actos que constituyan una desaparición forzada, contribuyan a la reaparición con vida de la víctima o den voluntariamente informaciones que permitan esclarecer casos de desaparición forzada. (Naciones Unidas, 1992).

contra las desapariciones forzadas, se convirtió en el primer instrumento con carácter vinculante, que refería a la desaparición forzada, claro está, sin perjuicio de otros instrumentos aún más protectores, como la Declaración Universal o el Pacto Internacional de Derechos Civiles y Políticos.

Tal Convención se adscribe a las reglas del Derecho de los Tratados, por tal, aquellos Estados que lo ratifiquen, adhieran, o acepten, quedan supeditados bajo las reglas y principios propios que aquél derecho trae consigo, estos son: *pacta sunt servanda, ex consensun advenit vinculum, res inter alios acta, y bona fide*. Lo que trae a consecuencia, la obligación de cumplir con lo pactado, de buena fe. Según tal tratado internacional, por desaparición forzada se entiende: "el arresto, la detención, el secuestro o cualquier otra forma de privación de libertad que sean obra de agentes del Estado o por personas o grupos de personas que actúan con la autorización, el apoyo o la aquiescencia del Estado, seguida de la negativa a reconocer dicha privación de libertad o del ocultamiento de la suerte o el paradero de la persona desaparecida, sustrayéndola a la protección de la ley". (Naciones Unidas, 2006, Art. 2).

Es clara la definición de la conducta de desaparición forzada que trae esta convención. En primer lugar, señala el sujeto activo de la cunducta, y describe los elementos del tipo, del cual de manera generica se puede concluir que: deben aparecer dos factores, el primero, la privación de la libertad cualquiera que sea su forma, seguido del ocultamiento de la suerte o el paradero de la persona desaparecida. Definición que permite cercar claramente el concepto de desaparición forzada.

La Desaparición Forzada en el Derecho Penal Colombiano

Por otra parte, la Convención solicita a los Estados parte, que adopten las medidas necesarias para que la desaparición forzada sea tomada como delito en su legislación penal, teniendo en cuenta que además, constituye un delito de lesa humanidad, sin embargo, las reglas de prescriptibilidad no las acerca a la generalidad que este tipo de conductas contra la humanidad posee, sino que deja el plazo de prescripción, a la voluntad de cada Estado, considerando en todo caso, que el término empieza a contar en el momento que cesa la conducta, esto es, cuando se de cuenta de la persona desaparecida.

Ahora bien, esta convención fue incorporada al ordenamiento jurídico colombiano a través de la ley 1418 de 2010, con control de constitucionalidad realizado en la St. C-620-11 de 18 de agosto de 2011, del Magistrado Ponente Dr. Juan Carlos Henao Pérez, con entrada en vigor para Colombia el 10 de agosto de 2012. Lo que compromete al Estado colombiano a cumplir con lo pactado, siendo el primer deber: asegurar las medidas necesarias dentro de su derecho interno, para que no se practique la desaparición forzada, y que en caso de que eso ocurra, se investigue, juzgue, persiga y doncene al culpable, así como que se asegure la verdad, la justicia, la reparación y que a consecuencia, se den garantias de no repetición. Así mismo, en aquella jurisprudencia, la Corte señaló: "Así, cuando en primer lugar, fundamenta en el Derecho internacional lo que en ella se ordena: el imperativo deber de los Estados previsto en la Carta de Naciones Unidas, de respeto universal y efectivo de los derechos humanos y de las libertades fundamentales, así como lo previsto en otras piezas centrales que articulan el Derecho internacional de los Derechos Humanos. A saber, la Declaración Universal de Derechos Humanos, el Pacto

Internacional de Derechos Económicos, Sociales y Culturales, el Pacto Internacional de Derechos Civiles y Políticos, en general otros instrumentos internacionales pertinentes de derechos humanos, del derecho internacional humanitario y del derecho penal internacional. También, al invocar lo señalado por la Declaración sobre la protección de todas las personas contra las desapariciones forzadas, aprobada por la Asamblea General de las Naciones Unidas en su Resolución 47/133 de 18 de diciembre de 1992". (Párrafo [140]).

Comité contra la Desaparición Forzada.

El Comité contra la desaparición forzada, en un cuerpo colegiado creado por la Convención Internacional para la protección de todas las personas contra las desapariciones forzadas, cuyas funciones giran en torno a la prevención de la desaparición forzada, instando a los Estados parte, a que aseguren su compromiso frente a este tratado y otros relativos de derechos humanos.

El Comité está "integrado por diez expertos de gran integridad moral, de reconocida competencia en materia de derechos humanos, independientes, que ejercerán sus funciones a título personal y actuarán con total imparcialidad" (Naciones Unidas, 2006, Art. 26.1), cuyas funciones son:

1. Darse su propio reglamento.
2. Cooperar con todos los órganos, oficinas, organismos especializados y fondos apropiados de las Naciones Unidas.

3. Consultar con otros comités convencionales creados por los instrumentos de derechos humanos pertinentes, en particular el Comité de Derechos Humanos establecido por el Pacto Internacional de Derechos Civiles y Políticos, con miras a asegurar la coherencia de sus observaciones y recomendaciones respectivas.

4. Examinar, de manera urgente, toda petición presentada por los allegados de una persona desaparecida, sus representantes legales, sus abogados o las personas autorizadas por ellos, así como todo aquel que tenga un interés legítimo, a fin de que se busque y localice a una persona desaparecida.

5. Realizar recomendaciones al Estado Parte e incluir una petición de que adopte todas las medidas necesarias, incluidas medidas cautelares, para localizar y proteger a la persona de conformidad con la presente Convención, y podrá solicitar que informe al Comité, en el plazo que éste determine, sobre las medidas que tome, teniendo en cuenta la urgencia de la situación.

6. Si el Comité recibe información que, a su juicio, contiene indicios bien fundados de que la desaparición forzada se practica de forma generalizada o sistemática en el territorio bajo la jurisdicción de un Estado Parte, y tras haber solicitado del Estado Parte interesado toda la información pertinente sobre esa situación, podrá llevar la cuestión, con carácter urgente, a la consideración de la Asamblea General de las Naciones Unidas, por medio del Secretario General de las Naciones Unidas.

Arcenio Velandia Sánchez y Alvaro Yohanny Gutiérrez Martínez

La Desaparición Forzada en el Sistema Interamericano de Protección de Derechos Humanos

El Sistema Interamericano de Protección de Derechos Humanos tiene su asidero en un principio, por la actividad de los Estados parte de la OEA; aunque no siempre se llamó así, ya que antes de 1970, su nombre era: Unión Internacional de Repúblicas Americanas.

Es de resaltar que el instrumento esencial fundante del SIDH, es la Declaración Americana de los Derechos y Deberes del Hombre de 1948, sin embargo, aquél no se adscribe a las reglas del derecho de los tratados, ya que sólo es una manifestación de carácter político realizada por los Estados de América. Empero, tal instrumento desarrolla gran parte de los derechos de la persona humana, recogidos por una parte, de las normas de ius cogens, y en otra cantidad significativa, del derecho de la costumbre internacional, por lo que es constante la cita de tal declaración cuando de proteger un derecho se trata, y es que es de resaltar que el ius consuetudo o derecho de la costumbre internacional, obliga a su cumplimiento. Más aún las normas de ius cogens.

A propósito de las Declaraciones como instrumento del derecho internacional de obligatorio cumplimiento para los Estados, los autores Juana A., y Ana D., (2008), señalaron que: "Una primera cuestión que debe tenerse presente es que, como lo afirma Villán Durán, "el concepto de derechos humanos que dimana de la DUDH, a pesar de englobar valores inherentes al ser humano (…) está abierto a una evolución constante, pues su contenido varía conforme a las necesidades a satisfacer en cada momento histórico de la sociedad internacional"41. Estas afirmaciones ponen de presente dos características importantes del DI general y del DIDH en particular: su carácter histórico y evolutivo. Estas dos características, al menos a primera vista, parecen incompatibles con una interpretación acerca del carácter de ius cogens y por tanto con la inmutabilidad de la DUDH, por lo menos en su calidad de instrumento. Ahora bien, las autoras compartimos las opiniones de Villán y de Carrillo Salcedo, respecto de que algunas de las disposiciones sustanciales de la DUDH han adquirido la categoría de ius cogens. Sin embargo, a diferencia de estos autores, no creemos que éstas se identifiquen necesariamente con el "núcleo duro", es decir, con aquellas normas que no admiten suspensión por los tratados internacionales de derechos humanos. (…) A su vez, los artículos 4 y 5 están redactados en la DUDH como prohibiciones que no admiten excepciones. En este sentido, podría afirmarse que estas normas consagran sustancialmente prohibiciones categorizadas como ius cogens. En efecto, el artículo 4 prescribe: "Nadie estará sometido a esclavitud ni a servidumbre, la esclavitud y la trata de esclavos están prohibidas en todas sus formas". Por su parte, el artículo 5 señala: "Nadie será sometido a torturas ni a penas o tratos crueles, inhumanos o degradantes". Como se puede observar, son afirmaciones categóricas, que por lo demás no admiten ningún tipo de excepción. Lo mismo podría predicarse del artículo 9". (Acosta López & Duque VaLLeJo, 2008).

Complementan los autores, la idea antes descrita, al señalar que la Declaración Universal de Derechos Humanos pese a tener un carácter esencialmente político y su fuerza vinculante se asiente en el plano de las obligaciones morales, aun así debe ser acatada, ya que ella no es más que la recapitación de normas provenientes del derecho de la costumbre, además de otras normas de orden público internacional, es decir, normas imperativas internacionales o normas de ius cogens, "La Declaración Universal de Derechos Humanos es un instrumento invaluable en el DI y especialmente en el marco de la protección y promoción del DIDH. Sin duda alguna, el ideal de la CI es alcanzar el mayor consenso acerca de su cumplimiento, y sigue siendo absolutamente deseable que su carácter sea universal. A pesar de su importancia, sin embargo, no podría afirmarse que esta Declaración, al menos como instrumento, sea elevada a la categoría de ius cogens internacional. Más bien, varias de sus disposiciones sí pueden tener este carácter, y algunas otras pueden tener otra fuerza vinculante, en su calidad de costumbres, normas cristalizadas en tratados o principios generales del derecho. En la medida en que se considere que todas las normas de la DUDH o el instrumento en su totalidad pertenece a la categoría del ius cogens, se está banalizando este importante concepto internacional recogido en el artículo 53 CV69. Esta banalización, antes que ayudar a los objetivos de la universalización, lo que genera es una pérdida de esencia e importancia de las prohibiciones del ius cogens, las cuales deberían poder ser exigibles a todas las naciones, sin admitir ningún tipo de excepción o derogación". (Ibíd.).

Convención Americana sobre Derechos Humanos.

La Convención Americana sobre Derechos Humanos o Pacto de San José de Costa Rica, de 1969, es el principal tratado de derechos humanos del SIDH, en aquél se plasman los principales derechos humanos a los cuales se comprometen los Estado que deciden ratificarla, adherirse o aceptarla según sea el caso.

Tal convención se rige bajo los principios del Derecho de los Tratados, por lo que los Estados que deciden someterse a ella, quedan supeditados a su cumplimiento, asegurando así que los derechos humanos consagrados en la Convención Americana, permanezcan superiores. Se debe tener en cuenta que los derechos humanos consagrados en el Pacto de San José de Costa Rica, obligan al Estado colombiano a su respeto y protección, no sólo como cumplimiento de la regla *pacta sunt servanda*, sino como desarrollo mismo de la Constitución a través de la figura jurídica del Bloque de Constitucionalidad.

Ahora bien, los derechos que la desaparición forzada vulnera, son protegidos de manera expresa por la Convención Americana, siendo este tratado el primer desconocido cuando se comete tal conducta. Tal tratado incorpora el derecho a la vida y al debido proceso como pilares básicos de los derechos humanos, garantías que deben ser aseguradas por los Estados parte de la Convención, a riesgo de cometer un hecho ilícito internacional y a consecuencia, responsabilidad internacional.

Arcenio Velandia Sánchez y Alvaro Yohanny Gutiérrez Martínez

Convención Interamericana sobre Desaparición Forzada de Personas.

La Convención Interamericana sobre Desaparición Forzada de Personas, fue adoptada en Belém do Pará, Brasil, el 9 de junio de 1994, en el vigésimo cuarto período ordinario de sesiones de la Asamblea General, en el marco de la OEA, este instrumento internacional en consideración a que la desaparición forzada de personas "constituye una afrenta a la conciencia del Hemisferio y una grave ofensa de naturaleza odiosa a la dignidad intrínseca de la persona humana, en contradicción con los principios y propósitos consagrados en la Carta de la Organización de los Estados Americanos" (OEA, 1994, Párrafo 4), busca "prevenir, sancionar y suprimir la desaparición forzada de personas en el Hemisferio" (Ibíd. Párrafo 8). En este tratado, las partes se comprometen a: "No practicar, no permitir, ni tolerar la desaparición forzada de personas, ni aun en estado de emergencia, excepción o suspensión de garantías individuales" (Ibíd. Art. 1.a), además de otras obligaciones específicas que caen en el plano del derecho penal, administrativo y disciplinario. Lo anterior se ve reflejado en el artículo primero de la Convención Interamericana sobre Desaparición Forzada de Personas, al señalar que:

Los Estados Partes en esta Convención se comprometen a:

(…) b) Sancionar en el ámbito de su jurisdicción a los autores, cómplices y encubridores del delito de desaparición forzada de personas, así como la tentativa de comisión del mismo;

c) Cooperar entre sí para contribuir a prevenir, sancionar y erradicar la desaparición forzada de personas; y

d) Tomar las medidas de carácter legislativo, administrativo, judicial o de cualquier otra índole necesarias para cumplir con los compromisos asumidos en la presente Convención. (Ibíd. Art. 1).

Por su parte, la CIDFP, indica que por desaparición forzada de personas se debe entender: "la privación de la libertad a una o más personas, cualquiera que fuere su forma, cometida por agentes del Estado o por personas o grupos de personas que actúen con la autorización, el apoyo o la aquiescencia del Estado, seguida de la falta de información o de la negativa a reconocer dicha privación de libertad o de informar sobre el paradero de la persona, con lo cual se impide el ejercicio de los recursos legales y de las garantías procesales pertinentes". (Ibíd. Art. 2).

Ahora bien, Colombia incorporó tal tratado mediante la ley 707 de 2001, con control constitucional realizado en la sentencia C-580-02 de 31 de julio de 2002, del Magistrado Ponente Dr. Rodrigo Escobar Gil. En aquella sentencia, la Corte señala que: "A pesar de que la presente Convención no constituye en estricto sentido un tratado de derechos humanos sino más bien un mecanismo de erradicación del delito, comparte con aquellos el mismo fin protector de los derechos esenciales de las personas. En tal medida, puede afirmarse que desde un punto de vista teleológico la Convención reconoce los derechos humanos y establece mecanismos que contribuyen en gran medida a su protección". (Párrafo 14).

Así mismo, en la citada jurisprudencia, se menciona de forma específica que en tratándose del objeto y fin del tratado, el Estado colombiano lo debía entender de la siguiente manera: "El presente tratado tiene como objeto especificar las obligaciones que tienen los Estados dentro del sistema interamericano de protección de los derechos humanos en relación con la desaparición forzada de personas. Como lo ha reconocido la Corte Interamericana de Derechos Humanos, aun en ausencia de un tratado que las especifique, la gran mayoría de las obligaciones estatales en relación con la desaparición forzada de personas proviene del reconocimiento mismo de los derechos humanos. De tal forma, el solo reconocimiento de ciertos derechos, bien sea a través de la costumbre, de las normas convencionales, o de cualquiera de las fuentes de derecho internacional contempladas en el artículo 38 del Estatuto de la Corte Internacional de Justicia o reconocidas por la jurisprudencia internacional, obliga a los Estados a crear los mecanismos necesarios para garantizar su eficacia dentro de sus respectivas jurisdicciones. Sin embargo, el solo reconocimiento de que los Estados que hacen parte del sistema internacional tienen la obligación de prevenir, sancionar e investigar las desapariciones forzadas que ocurren dentro de sus respectivas jurisdicciones no es suficiente para garantizar la eficacia de los derechos que se pretenden proteger. La selección de los mecanismos de protección adecuados, la determinación de la forma de desarrollarlos y la creación de mecanismos de cooperación internacional resultan determinantes a la hora de garantizar la eficacia pretendida. Con todo, estos son aspectos que, por su especificidad, difícilmente pueden ser resueltos a través del derecho internacional consuetudinario o del solo reconocimiento convencional de determinados derechos". (Sentencia C-580/02 por la cual se realiza control constitucional a la Convención Interamericana sobre la Desaparición Forzada de Personas, 2002, Párrafo [150-151]).

Y adiciona la corte: "Dentro del anterior contexto, el presente tratado tiene por objeto fijar pautas a las cuales deben sujetarse los ordenamientos internos de los Estados que hacen parte del sistema interamericano de protección de los derechos humanos en lo que se refiere a la desaparición forzada. En tal medida, sus disposiciones no resultan directamente aplicables en los ordenamientos internos, sino que deben ser desarrolladas por los Estados a través de normas internas. Las cláusulas del tratado imponen a los Estados obligaciones de prevenir, suprimir y sancionar la desaparición forzada, con el fin de erradicarla de los países del sistema interamericano, contribuyendo de este modo a proteger los múltiples derechos fundamentales vulnerados con tal conducta.

Por otra parte, vale la pena resaltar que la Convención, si bien no pretende propiamente definir o regular el contenido y alcance de tales derechos, sí impone ciertos deberes a los Estados, como sujetos obligados a protegerlos. Por otra parte, la misma Convención afirma que los Estados no pueden eximirse de cumplir tales deberes en ningún caso, y que el delito no es aceptable ni siquiera durante los estados de excepción. (Ibíd. Párrafo [153-154]).

CAPÍTULO 3

Obligatoriedad del Derecho Internacional de los Derechos Humanos

Arcenio Velandia Sánchez y Alvaro Yohanny Gutiérrez Martínez

Lo primero que hay que señalar, es que el derecho internacional, en principio, es un derecho ajeno al derecho doméstico de los Estados, por tal, aquél no obliga a ningún Estado a su cumplimiento a menos que éste lo haya decidido así. Pero tal afirmación sólo es válida si se mira desde el Derecho de los Tratados, ya que hay otros derechos que obligan inclusive, si el aquellas normas riñen con el derecho interno del Estado, se trata pues: del derecho internacional de la costumbre o ius consuetudo, y las normas de jus cogens como derecho imperativo.

Para el presente estudio, es necesario abordar los tres tipos de derecho, ya que en tratándose de desaparición forzada, como conducta pluriofensiva que desmedra diferentes derechos fundamentales y derechos humanos, se ve inmersa uno y otro derecho, de tal suerte que Colombia siempre se ve obligada a la garantía de aquellos, bien sea por sus propias normas, o porque el derecho internacional así lo reclama.

Derecho Internacional de los Tratados

El Derecho Internacional de los Tratados es la rama del derecho que se compone por convenciones, cartas, tratados, pactos, estatutos y todo aquél instrumento internacional escrito, que requiere de aceptación de las partes, para que obligue. Ahora bien, antes de adentrarse en el estudio pormenorizado de este tipo de derecho, es necesario fijar un criterio general, se trata pues del concepto general de "tratado", para Velandia, A., y Castellanos, L., (2015):

"Un tratado es un acuerdo celebrado de forma verbal o escrita por dos o más sujetos del Derecho Internacional Público, encaminado a crear, regular o extinguir una relación jurídica. Como se observa, su concepto es similar a la definición clásica de contrato, esto se debe a que en esencia lo es, y que se separa de este, por la calidad de los sujetos parte de dicha relación contractual, en tal caso, se trata de sujetos de Derecho Internacional". (Pág. 156).

Por su parte, la Convención de Viena del año 69' –tratado internacional que recoge las reglas y principios del derecho de los tratados- establece que un tratado es: "un acuerdo internacional celebrado por escrito entre Estados y regido por el derecho internacional, ya conste en un instrumento además único o en dos o más instrumentos conexos y cualquiera que sea su denominación particular" (Art. 2, Lit. A).

Entonces, directriz esencial para que un tratado obligue: es el consentimiento, de ahí que surjan diversos principios que sustentan este derecho, a saber:

- Pacta Sunt Servanda: Este principio, señala que todo tratado en vigor que ha sido aceptado por las partes, obliga a su cumplimiento de buena fe. Este aparece consagrado específicamente en la Convención de Viena de 1969 en su artículo 26, el cual señala lo antes mencionado.
- Ex consensu advenit vinculum: Sólo el consentimiento válidamente otorgado, genera obligaciones, o en palabras de los autores Velandia y Castellanos (2015): "Del consentimiento deviene la obligación" (Pág. 169).

- Res Inter Alios Acta: El tratado sólo genera obligaciones para las partes, lo que excluye a terceros Estados, de exigírsele lo que no han convenido, regla esencial de un contrato. Concepto esgrimido de igual forma por los autores anteriormente citados (Ibíd.) los cuales señalan que:

"Este principio del Derecho de los tratados, refiere a que los tratados sólo crean obligaciones a las partes signatarias. Por tanto, y con base a tal principio, no puede exigírsele a un Estado que cumpla con algún tratado en el cual aquél no ha manifestado su voluntad expresa de obligarse" (Pág. 68).

- Bona fide: La buena fe como principio base del Derecho Internacional, señala que los sujetos del Derecho Internacional deben moverse bajo la premisa de la buena voluntad, que no actúen de forma soterrada, mal intencionada o inescrupulosa.

Es por tal, que para el caso que acá ocupa, referente a la desaparición forzada, el Estado colombiano sólo es responsable de cumplir internacionalmente si previamente ha manifestado su consentimiento y el tratado ha visto cumplida la cláusula de vigor, lo que efecto sucedió frente a diversos tratados internacionales, unos de carácter general y otros de manera específica; en concreto, se describen los primeros a continuación:

Tratados que obligan a Colombia a respetar los derechos humanos y evitar situaciones como la desaparición forzada:

Denominación del Convenio Internacional	Adopción internacional	Colombia es parte?	Ley aprobatoria No./Fecha	Fecha Ratificación DD/MM/A	Fecha de entrada en vigor para Colombia DD/MM/A	Sentencia de constitucionalidad	Organismo/ (Observaciones)	Reservas o declaraciones sobre limitaciones de competencia.
Pacto Internacional de Derechos Civiles y Políticos (1966)	Adoptado por la Asamblea General en su Resolución 2200 A (XXI), de 16 de diciembre de 1966. Entró en Vigor el 23 de marzo de 1976.	SI	Ley 74 de 1968 D.O. 32.6 81	29/10/69	23-03-76 Art. 49		ONU	
Protocolo Facultativo del Pacto Internacional de	Adoptado por la Asamblea General en su Resolución 2200 A (XXI), de 16 de dic. de	SI	Ley 74 de 1968 D.O.	29/10/69	23-03-76 Art. 49		ONU	

Derechos Civiles y Políticos (1966)	1966. Entró en Vigor el 23 de marzo de 1976.		32.6 81						
Convención Americana sobre Derechos Humanos. "Pacto de San José"	Suscrita en San José de Costa Rica el 22 de noviembre de 1969. Entró en vigor: 18 de julio de 1978.	SI	Ley 16 de 1972 D.O.33,7 8 0	31/07/73	18/07/1978 Art. 74 (2)		OEA/ Aceptación de la Jurisdicción Obligatoria de la Corte IDH. Para hechos posteriores a la aceptación	Reconocimiento de competencia: El 21 de junio de 1985 presentó un instrumento de aceptación por el cual reconoce la competencia de la Comisión Interamericana de Derechos Humanos por tiempo indefinido bajo condición de estricta reciprocidad y

								para hechos posteriores a esta aceptación, sobre casos relativos a la interpretación o aplicación de la Convención, reservándose el derecho de hacer cesar la competencia en el momento que lo considere oportuno. El mismo instrumento reconoce la competencia de la Corte Interamericana de Derechos Humanos por tiempo indefinido, bajo

									condición de reciprocidad y para hechos posteriores a esta aceptación, sobre casos relativos a la interpretación o aplicación de la Convención, reservándose el derecho de hacer cesar la competencia en el momento que lo considere oportuno.
Protocolo Adicional a la Convención Americana sobre Derechos	Suscrito en San Salvador el 17 de noviembre de 1988. Entró en vigor: 16 de Nov. de 1999	SI	Ley 319 de 1996 D.O.42.884 Decreto	23/12/97	16/11/99	St. C-251/97 M.P. Alejandro Martínez	OEA		

Humanos, en materia de Derechos Económicos, Sociales y Culturales. "Protocolo de San Salvador"			429 de 2001			Caballero		
Pacto Internacional de Derechos Económicos, Sociales y Culturales	Adoptado por la Asamblea General en su Resolución 2200 A (XXI), de 16 de diciembre de 1966. Entró en Vigor 3/01/76	SI	Ley 74 de 1968 D.O. 32681	29/10/69	02/01/76 Art.27		ONU	
Protocolo Facultativo del Pacto Internacional de Derechos Económicos, Sociales y	Adoptado por la Asamblea General el 10 de diciembre de 2008 mediante la resolución A/RES/63/117. Entrará en vigor el 5 de mayo de	NO					ONU	

| Culturales | 2013 | | | | | | | |

Nota tomada de Velandia y Castellanos (2015).

Ahora, en tratándose de tratados que obligan específicamente a Colombia en materia de desaparición forzada, se tienen:

Denominación del Convenio Internacional	Adopción internacional	¿Colombia es parte?	Ley aprobatoria No./Fecha	Fecha Ratificación DD/MM/A	Fecha de entrada en vigor para Colombia DD/MM/A	Sentencia de constitucionalidad	Organismo/ (Observaciones)
Convención Interamericana sobre Desaparición Forzada de Personas.	Adoptada por la Asamblea General de la OEA en Belém do Pará, en Brasil el 9 de junio de 1994, 24º Periodo ordinario de sesiones. Entró en vigor: 28 de marzo de 1996.	SI	Ley 707 de 2001	12/04/05	12/05/05	C-580/02 M.P. Dr. Rodrigo Escobar Gil.	OEA

Convención Interamericana sobre Desaparición Forzada de Personas.	Adoptada por la Asamblea General de la OEA en Belém do Pará, en Brasil el 9 de junio de 1994, 24° Periodo ordinario de sesiones. Entró en vigor: 28 de marzo de 1996.	SI	Ley 707 de 2001	12/04/05	12/05/05	C-580/02 M.P. Dr. Rodrigo Escobar Gil.	OEA

Cuadro Tomada de Velandia y Castellanos (2015).

Arcenio Velandia Sánchez y Alvaro Yohanny Gutiérrez Martínez

Derecho Internacional de la Costumbre

Es importante señalar que así como es claro que los tratados internacionales obligan a Colombia al cumplimiento de aquellos para la protección y promulgación de los derechos humanos, el Derecho Internacional de la Costumbre también se configura como una fuente formal del Derecho Internacional, según el artículo 38 del Estatuto de la Corte Internacional de Justicia, por tal, las normas de Derechos Humanos provenientes de esta fuente, obligan a los Estados a su acatamiento.

Por su parte, Monroy Cabra, establece que: "la costumbre es una práctica seguida por los sujetos internacionales y generalmente aceptada por estos como derecho. La importancia de la costumbre en derecho internacional es enorme. Puede afirmarse que todo derecho internacional general que rige en la comunidad internacional está formado por normas consuetudinarias y principios generales del derecho". (2011, Pág 90).

Ahora bien, la costumbre se compone de unos elementos materiales: actos públicos, actos reiterativos, actos uniformes y actos inveterados (Velandia y Castellanos, 2015), pero el que le añade la característica de obligatoriedad, es el elemento subjetivo: la opinio juris sive necesitatis, esto es, la convicción personalísima de que la práctica es norma de derecho y por lo tanto obliga. (Ibíd.). Sobre el anterior, A, Velandia (2015) refirió que: "la costumbre internacional para que adquiera la calidad de norma de derecho internacional de la costumbre, además de tener el carácter de inveterada, ser uniforme, reiterada, y pública; debe vérsele bajo la concepción de la opinio juris sive necessitatis, esto es, que la práctica se ejecute "de derecho", es decir, que la abstención o acción de parte del Estado no sea producto del azar o una coincidencia, sino resultado del sentido del deber legal que se le da a la observancia de la práctica aceptada como derecho". (Pág. 54).

Para el caso en concreto, la desaparición forzada involucra algunas normas provenientes del Derecho de la Costumbre, y por tener tal característica, le obligan al Estado colombiano a su cumplimiento. Por tal, el asegurar derechos humanos como la vida, el debido proceso y la libertad, son mandatos dados desde el mismo ius consuetudo, aseguran que no se cometa desapariciones forzadas ya que vulneran los primeros derechos.

Normas de Ius Cogens

Las normas de ius cogens son disposiciones provenientes del derecho de la costumbre que adquieren la característica de derecho imperativo, es decir, que obligan a todos los sujetos del Derecho Internacional a su cumplimiento, haya o no ratificado un tratado de materia similar. Al respecto, los autores Velandia y Castellanos (2015), señalan que: "as normas de Ius Cogens, son normas fruto de la conciencia humanitaria de los pueblos y que se fundan en el principio de la dignidad humana y el principio pro homine, por tanto son de derecho imperativo, la cual obliga a su cumplimiento a toda la comunidad internacional. Éste tipo de normas no pueden ser desconocidas o derogadas por los sujetos de Derecho Internacional y mucho menos se puede pactar en contra de ellas, de ésta manera quedó establecido en la Convención de Viena de 1969, al señalar que "Es nulo todo tratado que, en el momento de su celebración. Esté en oposición con una norma imperativa de derecho internacional general." (Art. 53). (Pág. 173).

Así mismo, en lo relativo a la característica de norma de ius cogens de las que se reviste la desaparición forzada, la Corte Constitucional colombiana ha señalado que: "En efecto, dijo la Sala de Casación Penal de la Corte Suprema, que conforme a las reglas de interpretación de los tratados internacionales consagradas en la Convención de Viena de 1969, en vigor para Colombia desde el 10 de mayo de 1985, "los tratados internacionales constituyen los parámetros generales y mínimos de protección de derechos y de los principios de derecho internacional", no obstante lo cual los estados pueden "ampliar el umbral de aplicación cuando, de forma general, se cumplen todos los requisitos que en dichos Tratados y Convenios se han determinado". Además, se encuentran "las normas relativas a los Derechos Humanos hacen parte del gran grupo de disposiciones de Derecho Internacional General, las cuales son reconocidas como normas de ius cogens, razón por la cual, aquellas son inderogables, imperativas (no dispositivas) e indisponibles, situación que acontece con el principio de derecho internacional 'sobre la imprescriptibilidad de los crímenes de guerra y lesa humanidad'". En esa medida, colige que "la no adhesión al referido tratado por parte de un Estado no lo sustrae del cumplimiento de una norma internacional como compromiso erga omnes adquirido para prevenir y erradicar graves violaciones a los Derechos Humanos que desconocen la humanidad y su dignidad". (Párrafo [150]).

Por tal, la desaparición forzada, vista como un crimen de lesa humanidad, adquiere la característica de norma de ius cogens, lo que no le permite al Estado colombiano pactar en contra de ellas, y de hacerlo así, dichas normas se entienden por no escritas. Igualmente, obliga a la prevención de aquél, así no exista ninguna norma en el derecho interno que permita asegurar los derechos fundamentales cercanos a aquél.

Arcenio Velandia Sánchez y Alvaro Yohanny Gutiérrez Martínez

CAPÍTULO 4

Principio de Complementariedad del Derecho Internacional de los Derechos Humanos

Es importante establecer que el derecho internacional se rige bajo el principio de complementariedad, en donde este sólo actúa si el Estado parte, no ha asegurado los derechos contenidos en la convención. Tal noción surge desde la Carta de San Francisco (1945), el cual establece que existen ciertos principios que rigen el Derecho Internacional Público, siendo ellos:

1. La Organización está basada en el principio de la igualdad soberana de todos sus Miembros.
2. Los Miembros de la Organización, a fin de asegurarse los derechos y beneficios inherentes a su condición de tales, cumplirán de buena fe las obligaciones contraídas por ellos de conformidad con esta Carta.
3. Los Miembros de la Organización arreglarán sus controversias internacionales por medios pacíficos de tal manera que no se pongan en peligro ni la paz y la seguridad internacionales ni la justicia.
4. Los Miembros de la Organización, en sus relaciones internacionales, se abstendrán de recurrir a la amenaza o al uso de la fuerza contra la integridad territorial o la independencia política de cualquier Estado, o en cualquier otra forma incompatible con los Propósitos de las Naciones Unidas.
5. Los Miembros de la Organización prestarán a ésta toda clase de ayuda en cualquier acción que ejerza de conformidad con esta Carta, y se abstendrán de dar ayuda a Estado alguno contra el cual la Organización estuviere ejerciendo acción preventiva o coercitiva.

6. La Organización hará que los Estados que no son Miembros de las Naciones Unidas se conduzcan de acuerdo con estos Principios en la medida que sea necesaria para mantener la paz y la seguridad internacionales.

7. Ninguna disposición de esta Carta autorizará a las Naciones Unidas a intervenir en los asuntos que son esencialmente de la jurisdicción interna de los Estados, ni obligará; a los Miembros a someter dichos asuntos a procedimientos de arreglo conforme a la presente Carta; pero este principio no se opone a la aplicación de las medidas coercitivas prescritas en el Capítulo VII. (ONU, 1945).

Y otros principios recogidos del sistema americano de la OEA, que a manera didáctica se menciona el siguiente:

1. Todo Estado tiene derecho a elegir, sin injerencias externas, su sistema político, económico y social, y a organizarse en la forma que más le convenga, y tiene el deber de no intervenir en los asuntos de otro Estado. Con sujeción a lo arriba dispuesto, los Estados americanos cooperarán ampliamente entre sí y con independencia de la naturaleza de sus sistemas políticos, económicos y sociales. (OEA, 1948).

Entonces, se debe tener en cuenta que los Estados son soberanos "elemento básico de la característica del concepto de Estado", y que ellos son los principales responsables en asegurar el goce y disfrute de los derechos y libertades fundamentales, y sólo si éste no lo hace, el Derecho Internacional entrará a suplir esa necesidad.

Lo anterior es reafirmado por el artículo segundo de la Convención Americana sobre Derechos Humanos que señala que: "los Estados Partes se comprometen a adoptar, con arreglo a sus procedimientos constitucionales y a las disposiciones de esta Convención, las medidas legislativas o de otro carácter que fueren necesarias para hacer efectivos tales derechos y libertades". (OEA, 1969).

Es por tal, que el Estado colombiano está obligado, con arreglo a sus disposiciones internas, asegurar que no ocurran desapariciones forzadas, de manera tal que se rija bajo unos mínimos contenidos en el tratado, lo que no obsta para que el Estado lo proteja de manera más garantista. Sobre lo referente, la Corte Constitucional colombiana lo señaló en la sentencia C-317 del 2002, al establecer que: "En verdad, al dejar por fuera las hipótesis citadas se desconoce el artículo 12 Superior que, como ya quedó dicho, consagra una protección más amplia que la regulada en los instrumentos internacionales, según los cuales la desaparición forzada sólo puede ser cometida por un agente estatal, una organización política o un particular con la autorización, tolerancia o aquiescencia de estos, resultando de esta manera la consagración constitucional más garantista que la legislación internacional, lo cual es perfectamente posible y le permite a Colombia colocarse a la vanguardia en materia de responsabilidad ante los organismos encargados de la protección de los derechos humanos, toda vez que conforme a la jurisprudencia de la Corte

Interamericana de Derechos Humanos citada anteriormente la simple omisión de los Estados de prevenir la desaparición forzada cometida por particulares o de controlar a los grupos armados irregulares que ejecutan dichos actos, implica que el Estado respectivo no ha cumplido con su obligación de prevenir y castigar a los responsables de tales actos siendo, en consecuencia, merecedor de las condignas sanciones". (Párrafo [250]).

Asimismo, la Corte Constitucional reafirma la idea planteada al señalar que: "Al respecto señaló la Corte en la sentencia C-580 de 2002 al juzgar la constitucionalidad de este precepto de la Convención Interamericana, que la definición del art. 2°, "no pretende determinar directamente los elementos constitutivos de responsabilidad penal individual, sino que fija ciertos elementos a los cuales las partes deben adecuar su derecho penal interno, de conformidad con las obligaciones contenidas en los literales b) y d) del artículo 1°, y con el inciso primero del artículo 3° de la Convención". Estos ingredientes descriptores se entienden como mínimos pero, se precisa, no afectan "la facultad del Estado de asumir mayores responsabilidades en la protección –interna o internacional- de los derechos que se pretenden garantizar a través de la desaparición forzada". (C-620/11, 2011, Párrafo [160]).

Conclusiones

Arcenio Velandia Sánchez y Alvaro Yohanny Gutiérrez Martínez

El Derecho Internacional es complementario al derecho interno de los Estados, mandato emanado desde los principios del Derecho Internacional, específicamente los señalados por la Carta de San Francisco y la Carta de Estados Americanos. Por tal, la obligación principal de garantizar el goce y disfrute de los derechos y libertades fundamentales, recae en el Estado.

El Derecho Internacional obliga al Estado por decisión misma de éste; ya que en ejercicio del principio de soberanía propio del derecho internacional y del componente del concepto Estado, éste decide libremente manifestar su consentimiento en querer obligarse en un tratado internacional, esto es: ex consensun advenit vinculum, por tal, es incorrecto afirmar que es un desconocimiento de la soberanía el hecho que un tratado internacional obligue a un Estado parte a su acatamiento. Por el contrario, tal obligación es una consecuencia que el mismo Estado ha decidido asumir.

Adicionalmente, en desarrollo del principio de complementariedad, el Estado colombiano proscribió la desaparición forzada, tipificándola en la ley 599 del año 2000, caracterizándola de manera tal que resulta más protectora a la luz del Derecho Internacional. Lo anterior se evidencia ante la disimilitud del sujeto activo de la desaparición forzada en uno y otro derecho (el interno colombiano y el internacional), por una parte, como norma más restringida, el derecho internacional contempla exclusivamente a agentes del Estado o personas o grupos de personas que actúan con la autorización, el apoyo o la aquiescencia del Estado. Dicha calificación del sujeto activo, estrecha el marco de aplicación del derecho penal en tratándose de desaparición forzada.

Por otra parte, la desaparición forzada en el derecho interno colombiano, específicamente, la del artículo 165 de la ley 599 del año 2000, contempla como sujeto activo de la conducta punible: al "particular", lo que supone un sujeto indeterminado singular, que a la postre, contempla de forma más garante la prevención y sanción de la desaparición forzada.

Se tiene además, que el carácter de delito continuado del que se reviste la desaparición forzada, es una consecuencia apenas lógica de tal conducta por la naturaleza del mismo, sin embargo, tal particularidad proviene desde el Derecho Internacional, y que a la postre, ha sido adoptada por el derecho interno colombiano. Así se evidencia en los diferentes tratados sobre desapariciones forzadas suscritos y ratificados por Colombia, y que además, han visto cumplida la cláusula de vigor de los mismos. Tal es el caso de los tratados sobre desaparición forzada del SIDH y del SUDH.

Por otra parte, se debe tener en cuenta que resulta importante la característica de delito continuado de la desaparición forzada, ya que evita que los términos de prescripción empiecen a contar desde el momento mismo de la comisión de la conducta, aplazando aquél término sólo hasta el momento en que se dé cuenta del paradero de la persona. Colombia está obligada frente al Derecho Internacional a garantizar los derechos y libertades fundamentales de las personas, así como de prevenir la desaparición forzada. Tales deberes no

Arcenio Velandia Sánchez y Alvaro Yohanny Gutiérrez Martínez

provienen directamente de las convenciones sobre desapariciones forzadas del SIDH y del SUDH, sino que son fruto de los diferentes tratados de Derecho Humanos ratificados por Colombia, tal es el caso de: el Pacto Internacional de Derechos Civiles y Políticos; Pacto Internacional de Derechos Económicos, Sociales, y Culturales y; la Convención Americana sobre Derechos Humanos. Esto, ya que la obligación de garantizar el goce y disfrute de los derechos y libertades fundamentales de las personas, desde el Derecho Internacional, no sólo está dada por el Derecho Convencional, sino que además, el Derecho Internacional de la Costumbre y las normas de Ius Cogens, aparecen para asegurar el cumplimiento de aquellas garantías de derechos humanos.

Referencias

Centro de Memoria Histórica. (2014). Desaparición forzada Tomo I: Normas y dimensiones de la desaparición forzada en Colombia. Bogotá: Imprenta Nacional.

Acosta López, J. I., & Duque VaLLeJo, A. M. (2008). Declaración Universal De Derechos Humanos, ¿Norma De Ius Cogens? *nternational Law: Revista Colombiana de Derecho Internacional*, 13-34.

Brijalbo Acosta, M. A., & Londoño Peña, C. M. (2004). *Análisis del delito de desaparición forzada*. Tesis de grado de la Universidad Javeriana, Bogotá.

C-317, C-317 (Corte constitucional Colombiana 2002).

C-580/02 , C-580/02 (Corte Constitucional 31 de 07 de 2002).

C-620/11, C-620/11 (Corte Constitucional colombiana 18 de 08 de 2011).

Castellanos Castellanos, L., & Velandia Sánchez, A. (2015). *Las relaciones internacionales: manual de derecho internacional público*. Bogotá: Derecho y Justicia.

Centro Nacional de Memoria Histórica. (2014). *Normas y Dimensiones de la Desaparición Forzada en Colombia*. Bogotá: Imprenta Nacional.

Colombia. (2000). Ley 599/00.

Congreso de la República. (1887). *Código Civil*. Colombia.

Congreso de la República. (1990). *Ley 4 de 1990, Por la cual se reorganiza la Procuraduría General de la Nación, se asignan funciones a sus dependencias y se dictan otras disposiciones.* Colombia.

Convención Internacional de Viena. (1969). *Convención de Viena.* Viena.

Monroy Cabra, M. G. (2011). *Derecho Internacional Público.* Bogotá: Temis.

Naciones Unidas. (1945). *Carta de San Francisco.*

Naciones Unidas. (1969). Convención de Viena.

Naciones Unidas. (1992). *Declaración sobre la protección de todas las personas contra las desapariciones forzadas.* Nueva York.

Naciones Unidas. (2006). *Convención Internacional para la protección de todas las personas contra las desapariciones forzadas.* Nueva York.

Naciones Unidas. (12 de 07 de 2016). Obtenido de http://www2.ohchr.org/spanish/bodies/hrc/

OEA. (1948). *Carta de la Organización de los Estados Americanos.*

OEA. (1969). *Convención Americana sobre Derechos Humanos.* San José de Costa Rica.

OEA. (1994). convención interamericana sobre desaparición forzada de personas.

OEA. (1994). *Convención Interamericana Sobre Desaparición Forzada De Personas*. Belém do Pará.

OEA. (1994). *Convención Interamericana Sobre Desaparición Forzada De Personas*. Belém Do Pará.

ONU. (1945). *Carta de San Francisco*. Nueva York.

ONU. (2006). Convención Internacional para la protección de todas las personas contra las desapariciones forzadas .

Presidente de la República de Colombia. (1980). *Decreto ley 100 de 1980, Por el cual se expide el nuevo Código Penal*. Colombia.

Sandoval Mesa, J. A. (2012). El Desarrollo de la Desaparición Forzada y sus Elementos Especiales de El Desarrollo de la Desaparición Forzada y sus Elementos Especiales de. *Revista Virtual Via Inveniendi Et Iudicandi Edición 13, Vol. 7, No 1,,* 1-32.

Sentencia C-317 del año 2002, St. C-317/02 (Corte Constitucional Colombiana 02 de 05 de 2002).

Velandia Sánchez, A. (2015). *Justicia Nacional o Jurisdicción Interamericana*. Bogotá: Universidad La Gran Colombia.

www.ingramcontent.com/pod-product-compliance
Lightning Source LLC
Chambersburg PA
CBHW020557220526
45463CB00006B/2349